荆楚卓越法律人才项目成果
本科研究生质量提升项目成果

法学学位论文写作：
理念、规范与方法

陈焱光　著

WUHAN UNIVERSITY PRESS
武汉大学出版社

图书在版编目(CIP)数据

法学学位论文写作:理念、规范与方法/陈焱光著.—武汉:武汉大学出版社,2021.1(2022.4 重印)
ISBN 978-7-307-21870-3

Ⅰ.法… Ⅱ.陈… Ⅲ.法学—论文—写作 Ⅳ.H152.2

中国版本图书馆 CIP 数据核字(2020)第 204264 号

责任编辑:胡 荣　　　责任校对:汪欣怡　　　版式设计:韩闻锦

出版发行:**武汉大学出版社** 　(430072　武昌　珞珈山)
(电子邮箱:cbs22@ whu.edu.cn　网址:www.wdp.com.cn)
印刷:武汉邮科印务有限公司
开本:720×1000　1/16　印张:10.25　字数:156 千字　插页:1
版次:2021 年 1 月第 1 版　　2022 年 4 月第 2 次印刷
ISBN 978-7-307-21870-3　　定价:39.00 元

前　言

从事高等教育几十年，我经常在思考如下一些问题，如何培养出合格的大学生？培养和识别一个合格的大学生的比较关键和相对易识别的衡量标准到底应该是什么？古今中外千百年来的高等教育或者国家识别高水平人才有什么共同的手段？结果发现，对学生或被选拔者的写作能力的考察似乎是一个重要的共同定律。从制度层面看，无论是肇始于中国古代隋唐时期的科举制度还是西方的大学制度，无一例外都选择了文章（论文）的水准作为衡量人才合格或优异的最重要标准。中国古代从贡生、秀才一直到状元，文章写得好不好是最重要的标准，至少权重是最大的，西方衡量一个大学生能否获得大学的学士、硕士或博士学位，很重要的标准是学位论文能否通过同行专家经过正当程序的认可并达到相应学位的基本水准。由此不难发现，怎样写和能否写得好文章似乎是教育的一条重要使命和规律，而千百年来这一标准的延续不改肯定有其内在的科学性、合理性以及外在的安身立命和安邦济世的功用，更令人惊讶的是近年来我国大学生的普遍写作能力似乎江河日下，本科、硕士甚至博士论文质量令人担忧，国家和高校也在不断加大学位论文的重视程度和检测力度，但收效多不尽如人意。相较于学生以前写学位论文的条件，现在通过各类论文指导书籍、图书馆和互联网、实践途径等获取写作参考资料既方便又快捷，因此，目前的写作条件已有了今非昔比、翻天覆地的变化，可为什么一届接一届的学生却"涛声依旧"，不见改进？由此提出了一个学位论文写作的更深层次的问题，即作为学位论文的指导老师和学生，更多地侧重于一个大学教学和学习任务的普通过程，忽视了学位论文是学生在大学期间全部所学的集中体现和能力提升的关键步骤，更是关涉学生走入社会，影响未来生活和工作的一辈子的大战略，西方大学对学位论文的重视可能与这种认识有某种程度的关联，它们以一篇论文就可以获得博士学位，足见学位论文在大学教育质量和合格评判标准中的分量。亡羊补牢，犹未为晚，正本清源，未来可期。厘清为什么要写学位论文，解释其背后深藏的教育理念，让学生明白，学位论文不仅仅是拿几个学分的一门练习课，不是毕业前非要完成的一个手续，而是一个大学生的能力认证的最终标签，一种面向各种风险的未来的应急预案，一种创造性解决个体、他人、集体、国家乃至人类面临的各种问题的锦囊妙计。当我们翻越技术性应对论文写作的迷宫和误区，站在更高的高度，方言更长远的未来，认清学位论文的本来面目和制度设计者的良苦用心和美好初心，再看看历代成就大事的伟人和著名学人纵论写作之巨大作用，从思想深处、从理念的高度全面认识到学位论文写作不是小事一桩，而是经营美好人生之妙诀，实现事业成功之基石，建立千秋功业之基础。思想是行动的先导，所以，本书在学位论文写作的基本理念方面花费了不少笔墨，意图探讨其背后的广博而深邃的经世致用之大义，希望引起大学生的共鸣和对学位论文写作的重视，可能受大学期间的各种主客观条件的限制，最终结果难尽如人意，但至少从心底里存有"虽不能至，然心向往之"的自励、自省、自强的价值观，并在未来的人生和工作中慢慢品味、践行和赓续。

《大学》开篇曰：大学之道，在明明德，在亲民，在止于智善。古人倡导文以载道，荀子提出"文以明道"，重视文章的教化和经国功用；司马迁写《史记》，"欲以究天人之际，通古今之变，成一家之言"；曹丕认为，"盖文章，经国之大业，不朽之盛事"；[①] 刘勰认为，"道沿圣以垂文，圣因文而明道"，到北宋周敦颐第一个明确提出"文以载道"。尽管"道"的具体内涵随时代变化而有所不同，但大学的使命无疑是引领社会前进的主要动力之一。学位论文不仅反映了学生的学习和研究意向，更反映了其面对社会热点或历史问题的价值取向，观点的提取是人生观、价值观和世界观在写作立场上的体现。论文写作

---

① 《典论·论文》。

的态度和规范性也折射出其生活和工作态度。毛泽东主席在分析党八股文章产生的原因时，指出"一方面是由于幼稚而来，另一方面也是由于责任心不足而来的"①。他说，"许多人写文章，做演说，可以不要预先研究，不要预先准备；文章写好之后，也不多看几遍，像洗脸之后再照照镜子一样，就马马虎虎地发表出去。其结果，往往是'下笔千言，离题万里'，仿佛像个才子，实则到处害人。这种责任心薄弱的坏习惯，必须改正才好"②。所以，大学生在大学期间的端正态度和严格训练，不仅关乎个人的能力和综合素质，更会影响未来的工作乃至社会和国家的建设事业。

无规矩不成方圆，学位论文写作的规范要求既是论文重要性的体现，也是进行诚信和高效交流的必然要求。世间一切神圣和高贵之物，需要严格的程序和规范作为载体，因为重要，所以必须有充分的程序和规范保证，而作为思想交流的载体，必须具有大致标准化的格式和程式，也包括问题提出、问题分析和解决的基本规范要求，既有外在的格式规范，更有内在的综述、论据、论证和表达的道德规范，因为论文的一切语言和素材都必须是作者真实的思维过程的显现，来不得半点虚假，实事求是地引出问题、综述他人观点、引用他人观点和成果、严格区分自己和他人的思想，尤其是作为论文生命和个性创新性的观点，必须在确凿证据和严密论证基础上有合乎理性的结论。基于此，学位论文的诚信承诺、引用他人观点的准确性、评论他人成果的客观性和辩证性、对其他学者的人身人格等尊严和知识产权的最大限度的尊重、对受到启发但没具体引用者的著作在参考文献中的交代等体现的是一种写作的内在规范，或者说是论文道德的内在要求。论文的注释规范兼而有之，既是道德要求也是格式规范，学位论文一旦提交就变成了公共产品，具有公共交流的属性，就需要承担公共学术道德的一般义务。就法学学位论文而言，从标点符号、法条引用、论文结构、层次安排、逻辑推演、证据采信、论证展开、结论得出到致谢写法、参考文献分类、封面信息的完整性等都有一套严格的规定，违反这些规定对个

---

① 《毛泽东选集》第 3 卷，人民出版社 1991 年版，第 840 页。
② 《毛泽东选集》第 3 卷，人民出版社 1991 年版，第 840 页。

体而言或许不会影响论文的创新性或阅读，但却会造成交流的阻碍，使论文的收藏、调阅、核对观点被采信等变得愈发艰难，也会空耗各类资源，浪费其他读者的宝贵时间。按鲁迅先生批评的话说，无端消耗别人的时间，无异于谋财害命。当然，不讲规范的态度和习惯最终也会贻误自身，从纪律角度而言，会因论文不合规范而被要求反复修改或在后续抽查中被处分，严重者甚至会被取消学位。更严重的是会造成他人对其规范意识缺失的印象，从而全面影响其今后的生活和工作。近年来国内外查处的学位论文背离学术道德规范的事件，导致高官辞职、学位取消、声名受累等诸多不良后果，足以说明规范和规则意识及对其严格的遵守对学位论文及人生事业的重要意义。

学位论文写作是大学学习从本科到博士研究生各个层次都必须完成的学习任务之一，经过几百年来高等教育和学人学生的不断探索，也形成了相对成熟的写作规程、思维进路、格式规范和注意事项，是可以传授和习得的，只要通过适当的学习和训练，注意将平时的学习、研讨、社会实践和论文写作结合起来，日积月累，不断丰富训练的环节和内容，不断关注法学的实践，加强法学理论的学习，多了解法学热点问题，真正做到如《中庸》所言："博学之，审问之，慎思之，明辨之，笃行之。有弗学，学之弗能，弗措也；有弗问，问之弗知，弗措也；有弗思，思之弗得，弗措也；有弗辨，辨之弗明，弗措也；有弗行，行之弗笃，弗措也。人一能之，己百之；人十能之，己千之。果能此道矣，虽愚必明，虽柔必强。"如此，一篇合格甚至优秀的学位论文指日可待。

本书尝试对学位论文的写作理念进行探究，对论文写作的一般规范做针对性解读，对写作的基本方法做适度解析。本书学习和参考了学界多位学者的研究成果，获益匪浅，在此一并谨致谢忱。此书作为大学生学位论文写作与教学之参考，对于有些具体的技术性事项留给学生按各自学校或期刊、出版社具体要求执行。由于学识和能力有限，可能挂一漏万，对于遗漏和不当之处，恳请学界同仁和广大读者批评指正！

陈焱光

2020 年 7 月 18 日于武昌琴园

目　录

第一章　法学学位论文写作应秉持的理念

思想是行动的先导。只有思想上认识清楚了，行动上才会有力量。思想决定行动，认识决定高度。思想的改变，必然导致行动的改变，思想认识的提高，有利于行动的自觉性和效果的合目的性的形成，一个群体或民族思想认识的提高，有利于促进社会更好更快地发展。

当下对于大学生学位论文的写作，无论是老师还是学生都视之为一件十分伤神耗力且很难获得成就感的"苦差事"。相对于研究生而言，对本科毕业论文写作的吐槽更多，老师们说学生不认真做、不认真写、干脆不要写，学生说不会写、没必要写、没时间写。硕士生困惑于怎样提出问题、选定题目、建构框架、理顺逻辑和铺陈文句，博士生纠结于如何创新和确定值得长期研究的方向。对学位论文的认识普遍停留在它是完成学业所应该经历的过程上，而这是指导老师和学生都痛苦的过程。至于为什么要写学位论文？应秉持怎样的理念来进行学位论文的知识积累和写作训练？深藏的道理未必人人都关注过，更少有学生深思，老师指导时可能提及一二，甚至无暇顾及，只是按照教学节点、专业和学科要求开门见山、单刀直入、直奔主题地指导学生如何做好毕业论文设计和开题报告写作。因此，在学生的课程学习、学位论文和未来人生及职业发展之间缺乏一座理解和贯通的桥梁，学生(特别是本科生)不解，课程学完了，考试成绩优良或及格了，工作也有眉目了，为什么还要用一万或几万字且有各种规范制约的文章作为大学学位获得的必经程序、评价标准和终结标志？更有甚者，认为读完大学或研究生就要走入社会，找工作才是第一要务，才是衡量大学学习好坏的王道，论文与此几乎没有关系。真可谓无知者无畏，真实的情形可谓当局者迷，旁观者清。作为千百万名经历过学位论文写作的过来人，作为各级各类政府工作人员和各行各业的成功人士，经过若干年工作后才深切体会到学位论文的严格训练对工作和生活的重要意义。然而，系统阐释学位论文应该秉持什么样的理念和态度在学术界和高校教育中并不多见，从而造就了一大批后悔者，直接减损了他(她)们应该获得的教育功效。如果学生想以其对学位论文认识之昏昏，达到使其论文写出来使人昭昭，也只能是虚幻的良好愿景罢了。因此，学位论文要写得规范、恰当，达到高等教育的目的，就必须首先较系统地阐释其中蕴含的诸多理念，从而超越学生心目中的"作业"定位和应付态度而进入其人生幸福必备之不可或缺的历练或值得追求的理想境界。

第一节 文 以 载 道

法学是治国之学、强国之学、正义之学，是"天下之程式，万事之仪表"，体现的是国家和社会治理的大道，也是引导和保障人们追求幸福生活的正道。作为综合反映学生理论学习、法律实践和创新能力的学位论文，是探寻法治价值这一大道的重要过程。通过法学论文的写作，理解、宣扬、践行和传承法律治理的大道。正如古人所说"文以载道"，通过文章反映和传承天理、国法和人情的基本道理和规律。只有坚持这种理念，法学学位论文的写作才有一种神圣感、使命感和现实紧迫感。"天下兴亡，匹夫有责"，以公平正义之学为志业的法律人更应该担负起维护和弘扬社会公平正义的重任，但如果学生连法学论文都难以写好，将很难胜任处理更为复杂的社会纠纷和国家治理问题，至少在进入高度职业化、专业化和竞争性选拔的法律类公职人员职业群体时，会面临跨过入门门槛的困境，其结果与学习法学的初衷背道而驰。

当然，古人所讲的"文以载道"的"道"在不同时期、不同人看来所指不尽相同，总体上它是一个内涵不断发展的概念和范畴，但也有核心和共通的内容，简而言之，"文以载道"就是写文章一定要表达作者的思想，反映作者对人生、社会和自然等现象的规律性的认识。这一点早在春秋战国时期即有论及。据考证，"文以载道"源于"文以明道"，由荀子提出。在荀子看来"文以明道"所指的"道"是客观事物的规律，而"文以明道"是指儒生们所作文章应该是效法圣人做客观规律的体现者，为文的目的便要明"道"。到了汉代，扬雄将道家思想和儒家伦理兼收并蓄、融贯一体，提出了遵循自然之道的观点，并认为儒家典籍等能够极好地体现自然之道。这一思想得到南朝文学理论家、批评家刘勰的进一步申述。他在《文心雕龙》中明确论述了文以明道的问题，他提出，"道沿圣以垂文，圣因文而明道"，强调自然之道依靠圣人来表达在文章中，圣人通过文章来阐明自然之道。南北朝时期的《昭明文选》也贯穿了这一思想。梁朝昭明太子在《昭明文选》序中说，《易》曰："观乎天文，以察时变；观乎人文，以化成天下。""文之时义，远矣哉！""事美一时，语流千载。"只有经过记录和整理的思想才能流传久远，造福后人，传承文明。而后，至唐代，韩愈、柳宗元等文化大家均沿袭"文以明道"这一思想，但两人对"道"的理解有所不同。韩愈重在提倡"古道"，以恢复自魏晋以后中断了的儒家"道统"为使命；所谓"博爱之谓仁，行而宜之之谓义，由是而之焉之谓道，足乎己而无待于外之谓德"。在他看来，博爱叫做"仁"，恰当地去实现"仁"就是"义"，沿着"仁义"之路前进便为"道"，使自己具备完美的修养，而不去依靠外界的力量就是"德"。所以韩愈的文以载道，是儒家的"道"，不是"老与佛之道"。柳宗元则比较注重治世之"道"，从社会需要出发，重在文章的经世致用和服务社会的功能，比韩愈的"道"更具现实意义。

至北宋理学鼻祖周敦颐时，"文以明道"演变为"文以载道"，他是第一个明确提出"文以载道"的人。而后数百年间，不少文化名家均对"文"和"道"有所阐述，如二程将"文"和"道"对立；朱熹把"文"看成"道"的附庸和派生物；黄宗羲、顾炎武等主张明道致用，反对形式主义。到了清代，"文"与"道"关系的论争一直存在。后来清代史学家、思想家章学诚对"文"与"道"关系的论争进行了总结，他认为"道"必须是人们现实生活的反映，而不能拘泥于古代圣贤言论，不可"舍天下事物人伦日用，而守六籍以言道"；所以，对应到"文"上，他主张作文章要从实际出发，合乎时代的需要，使"文"在社会生活中起作用。这样的"文"就符合"道"的要求，进而两者统一。章学诚的这种"文""道"关系论非常契合于大学学位论文写作的精神和目的。

"文以载道"的思想影响和铸就了中华几千年的文明及其赓续模式，早在司马迁写《史记》时就有明确表达。他在《太史公自序》中，借评价孔子作《春秋》阐释了文以载道的写作理念和历史价值。他通过问答的方式对此进行解释：上大夫壶遂曰："昔孔子何为而作《春秋》哉"？太史公曰："余闻董生曰：'周道衰废，孔子为鲁司寇，诸侯害之，大夫雍之。孔子知言之不用也，道之不行也，是非二百四十二年之中，以为天下仪表，贬天子，退诸侯，讨大夫，以达王事而已矣。'子曰：'我欲载之空言，不如见之于行事之深切著明也。'夫《春秋》，上明三王之道，下辨人事之纪，别嫌疑，明是非，定犹豫，善善恶恶，贤贤贱不肖，存亡国，继绝世，补敝起废，王道之大者也。"孔子作《春秋》是想以文字表明其心中向往的"周道"。对此，司马迁评价说，"故《春秋》者，礼义之大宗也。夫礼禁未然之前，法施已然之后；法之所为用者易见，而礼之所为禁者难知"。在礼乐崩坏、秩序受到严重破坏的时代，《春秋》作为一部"世界史"（诸夏之史），对此进行笔削褒贬，所传达的是道义、是是非、是得失。就其效果而言也是值得肯定的，所谓"孔子作《春秋》，而乱臣贼子惧"，发挥了文章的济世功效。同理，司马迁写《史记》也是在表达心中向往之道，正如他在《报任安书》中所言："仆窃不逊，近自托于无能之辞，网罗天下放失旧闻，略考其行事，综其终始，稽其成败兴坏之纪。上计轩辕，下至于兹，为十表、本纪十二、书八章、世家三十、列传七十，凡百三十篇。亦欲以究天人之际，通古今之变，成一家之言。"司马迁通过探究自然现象和人类社会之间的相互作用关系，通晓从古到今的历朝历代的发展演变，进而寻找历代王朝兴衰成败之道理（规律），以史实记述的形式，有所取舍，有所褒贬，形成自己独特的自成一家的写史风格和史学理论学说。

人文社会科学各个门类皆有相通之处，法学与史学自不例外，传承文明，功在当代，惠泽万世。法学专业学生以法律为志业，需要不断探寻法治的精神，以法学理论指导法律实践，以法律实践丰富和完善法学理论。而法学自产生以来就是弘扬公平正义之道的学问。正如西方古罗马时期皇帝查士丁尼所著

《法学总论》所言，"法学是关于神和人的事物的知识；是关于正义和非正义的科学"，"法律的基本原则是：为人诚实，不损害别人，给予每个人他应得的部分"。① 同样，我国早在春秋战国时期的法家代表人物管仲就提出"法者，天下之程式，万事之仪表"的著名论断。作为法学专业的学习者以及所有从事与法律相关的工作者，作为守法者的每个公民，一言一行必须合乎法的精神，追求法律的正义目标，享受法律带来的安全、秩序等福祉。法学学生的学位论文是试图运用法的理论，结合法律的实践和社会功能，发现、分析法学理论和法律实践中存在的问题，基于良法的价值追求，提出并分析至少在学理上可行的对策。所以，法学论文的写作，甚至一切法律文书的写作都是在阐释、践行、弘扬和完善"法之道"。其人不文，其行不远。法学学位论文写作的训练与其说是对法学和法律知识本身的运用，毋宁说是对法律正义问题的系统思考，既可以是宏大的体系性的思考，也可以是微观的对具体案件和行为公平性的探寻。大道之行，天下为公，法律乃天下之公器，探寻法律问题，即是对天下公义的思考。所以，法学学位论文所秉持的价值观、论文的立意，如探讨正义的法律和非正义的法律，实际上都是在追寻法律的目的、践行法律的应然之道，正如德国著名法学家拉德布鲁赫所言，"不公正的法律并非没有目的，法律在根本无视其正义的情况下就以它的效力实现了一种目的，即法律安全目的"。② 而法律共同体的从业者所孜孜追求的法治国家，是一个实现多重目的、整合多重理念的集合，因为，"法治国家对我们来说不是一个政治概念，而是一个文化概念。它意味着保持相对于秩序的自由，相对于理智的生活，相对于规律的偶然，相对于成规的丰富，总而言之，就是相对于仅具有目的性和只对此目的才有充分价值的东西所具有的目的与价值"。③

---

① [罗马尼亚]查士丁尼：《法学总论——法学阶梯》，张企泰译，商务印书馆1989年版，第5页。

② [德]拉德布鲁赫：《法学导论》，米健译，商务印书馆2013年版，第247页。

③ [德]拉德布鲁赫：《法学导论》，米健译，商务印书馆2013年版，第248页。

第二节　问题意识

从一定意义上讲，人类社会发展的历史，就是不断面临问题又不断解决问题的历史。从作为个体的人的发展和生活、生命历程看，同样是不断面临问题又解决问题的过程。"面临问题"在所有人之间都是无差别的，不存在一生都不会面临问题的人，俗语所言"每个家庭都有一本难念的经"，诚然，每个个体面临的具体问题、解决问题的方式和最终结果可能千差万别。由于人类意识的能动性、思维的发展性和经验的累积性，人们为了更好地生活，从单纯地被动面临问题，走向有意识地提出问题，进而分析和解决问题。如社会中具备问题意识的人越来越多，无论是个人的发展还是社会的发展都会获得更加高速和高质量的进步，当对某些问题有共识时，就有利于迅速形成共同理念、共同规则，作出方向和目标一致的行动，从而提升人类整体的生存质量和促进改造世界、改造自身、各美其美、成人之美、美美与共、共享福利的进程。历史和现实经验证明，要培养大多数人的问题意识的最好方式是通过系统的教育，将人类积累的经验用较短时间、普遍性地传递开来，缩短后代人在提出问题、分析问题和解决问题的思维和方法论上所花费的成本，避免所有提问和解答都需要重新在生命个体身上重复一遍。发展现代教育的目的就是为了让绝大多数后代人通过间接经验的形式掌握这些思维和能力，在其毕业后的生活历程中快速运用和发展，而培养这种"问题意识"的能力的最好路径是模拟一个与教育程度相当的问题，按照一定的思维方式和材料构成，推演解决方案的训练过程，最后这种训练凝练成学位论文这种载体和表现形式，它兼顾着对一定学习程度的学习过程终结的质量衡量指标和能力水平测试装置的角色。

从大学的学习过程和目标看，获得知识只是完成了存储人类经验和新知的过程，只有将这些知识运用到发现问题、分析问题并最终解决问题时，知识才转化成能力。人们常常调侃的一些大学生"有知识没文化"也是这个道理。文化者，以文化人，即是让所学的知识转化成日常生活和工作的技能。写论文最重要的基础有两点，一是如何清楚严谨地表达自己的观点，二是如何快速找出一篇文章中的毛病和漏洞，也就是我们常说的"批判性思维"，综合为一点就是学以致用。学位论文的写作过程是从获得和掌握知识层次跃进获得能力和创新的最经济和最重要的蜕变过程。梁启超在《中学以上作文教学法》一书中强调作文应有五大意识，即现代意识、致用意识、文体意识、读者意识、会通意识。① 而这些意识都建立在问题意识基础上，或者说都与问题意识息息相关。

是否具有问题意识是一个人由不成熟走向成熟的重要标志之一，也是一个大学生毕业后能否顺利适应工作的重要素质。从法律上讲，无行为能力人基本上是无问题(此处指对表象和实质不完全等同的社会现象的分析研判类问题)意识的，他(她)无法理解问题，只能凭本能行动；限制行为能力人的问题意识不健全，对有些事情(简单的)能辨析问题在哪里，超越能力限度的则不能；而完全行为能力人，法律设定其为具有问题意识的人，按照经济学的观点是一个理性的经济人。所以，法律规则的制定和法律的实施主要建立在每个人都是有问题意识的人的基础之上，申言之，每个人在进行法律行为之前，应当知道规则的要求、违反规则面临的后果等的。所以，法律一经公布就应当有效，隐含着法律对其规制对象理解其内涵的问题意识，所以，"法不责众"的说法是不成立的，尽管是由于法律实施的缺陷造成这种舆论错觉的。当然，生活中的问题意识与科学研究中的问题意识有着层次上和复杂性等方面的诸多差别，但本质上是一样，都是人们生产和生活中需要面临和处理的问题。

问题意识的本质是人们对可预期、有秩序、安全和美好生活等较高目标追求的必然反映，是对理想与现实差距的认知，是一种完善自身和社会的内生动力及思维活动，是一种改造自身和社会、自然的能力形式。古人云：变则通，通则久。静止是暂时的、运动是永恒的，这一哲学原理运用到个人和社会生活中就是要不断培养问题意识，通过不断发现问题、分析问题和解决问题，不断提高自身的生活应对能力、社会的治理能力和精神境界，最终实现身心和谐、

---

① 汲安庆、庄学培：《写作规矩，上达之基础——梁启超〈中学以上作文教学法〉中的五种意识》，载《教育与教学研究》2018 年第 9 期。

人与人的和谐、人与社会的和谐、人与自然的和谐及人与宇宙的和谐。问题的产生是事物矛盾运动的结果，旧的矛盾解决了，新的矛盾就会产生，而矛盾是无时无刻都存在的且无处不在的，这就决定了问题总是伴随着我们每个人和每个社会进程始终的。只有具备了问题意识，才有可能去主动发现、分析和解决问题，如果不能提出问题、发现问题，轻则劳而无功，原地踏步，重则重蹈覆辙，浑然不觉。有了问题意识，则会见微知著，不断去思考、探索事物之间的普遍联系，才会防微杜渐、革故鼎新，不断发现更好的自我和开创更好的社会未来。

法学是理论性和实践性都很强的学科，自从有了人类社会，就有了规则，私有制产生后，国家和法律同时产生了。从教育发展历史看，法学和医学是最古老的学科，而作为大学教育的最早学科之一便有法学。古今中外的国家治理和社会治理都没有一刻离开过法律，法律的产生和发展本身也是问题的产物，因为有了国家和社会治理中普遍存在的，无法通过宗教、道德和政治手段解决的问题时，法律规则就会应运而生，并且生生不息，逐渐成为调整人们和国家行为的最主要规则，因为社会发展总是伴随着许许多多普遍性的行为规范的调整问题。即使被称为极权、专制和人治的时代或国家，法律依然繁荣地存在着、发展着，从来不会缺席，只不过在专制体制下，它服务于专制的统治，成为其工具而已。而伴随着法律的兴盛，对法律的研究促进了法学作为独立学科的昌盛，与法律不同的是，法学以批判为特质，法律以服从为天职。法国著名法学家边沁认为，在一个法治的政府之下，善良公民的座右铭应该是"严格地服从，自由地批判"①，对于法律进行批判，实质是对法律发展的贡献。对此，边沁深刻指出："一种制度如果不受到批判，就无法得到改进；任何东西如果永远不去找出毛病，那就永远无法改正；如果我们作出一项决定，对每件事物不问好歹一味赞成，而不加任何指责，那么将来一旦实行这项决定，它必然会成为一种有效的障碍，妨碍我们可以不断期望的一切追加的幸福；如果过去一

---

① ［英］边沁：《政府片论》，沈叔平等译，商务印书馆1995年版，第99页。

直在实行这项决定，那么我们现在所享有的幸福早就被剥夺了。"①但批评是理性的、建设性的，不是情绪的简单宣泄，尤其是法律制度。他强调说："对于法律制度的批评，也绝不是由于愤怒和不高兴而产生的。当人们由于愤怒和不高兴而发言的时候，他们的不高兴针对的是人而不是法律。"②要肯定和容许批评，因为"一种批评，尽管根据不足，也只不过使一种制度受到这种考验，可是在这种考验之下，那种只会使偏见流行的有关制度的价值将受到贬斥，而对真正符合功利原则的制度的信任将得到肯定"。③ 作为法学学生，大学教育的目标归根结底是两点：一是成为模范的守法者和护法者；二是用批判的思维为国家治理的现代化和人类命运共同体的更美好未来、为更好的法律规则的产生和完善，不断提出问题和提供解决方案。天下兴亡，匹夫有责，不因自己是一个学生，就放弃理性思考自己和社会未来的问题意识。古人云，位卑未敢忘忧国，何况是接受高等教育、作为国家未来主要建设者的大学生。可能有人会问，在大学期间为什么要培养这种意识，工作后再培养不行吗？答案是否定的，因为一旦工作就进入实战状态，没有集中的时间来思考和培训；更因为一旦工作，每天都会面临着具体的亟待解决的对人的权利义务的判断，因为社会一刻也不能缺乏正义的实现，而迟来的正义实质上就是非正义。

作为法学高层次人才和专门人才所需要的问题意识相较于一般日常生活的问题意识具有更强的针对性、专业性、复杂性和系统性，他（她）用专业的眼光去主动发现一些尚待解决的有科学价值的命题或矛盾，并培养积极解决这些问题的自觉。问题意识的基本特征是沉思和分析，它是一种面向本体的思和面向前提的思，也是一种面向现实生活世界的思。基于此，只有在大学期间，通过合适的途径进行训练，才会在进入社会后迅速运用这种能力解决工作中面临的法律问题。

基于此，法学学位论文的问题意识构成了写作论文的重要理念和前提，只

---

① ［英］边沁：《政府片论》，沈叔平等译，商务印书馆1995年版，第100页。
② ［英］边沁：《政府片论》，沈叔平等译，商务印书馆1995年版，第100~101页。
③ ［英］边沁：《政府片论》，沈叔平等译，商务印书馆1995年版，第100页。

有通过未雨绸缪的提前准备和刻苦训练，才能避免写作过程中抱薪救火的尴尬和无奈。当然，问题意识的培养也需要遵循一定的规律，下面仅就人文社会科学领域的问题意识谈点看法。

人文社会科学的问题意识不仅体现了个体思维品质的活跃性和深刻性，也反映了思维的独立性和创造性；对问题意识的自觉，也就体现了对社会的人文关怀和责任感。强烈的问题意识作为思维的动力，促使人们去发现问题、解决问题，直至进行新的发现和创新。因此，它是学术创新和理论创新的突破口，也是推动国家各项建设事业顺利进行的重要保障。毛泽东同志在1941年所著的《改造我们的学习》一文中强调指出："许多同志的学习马克思列宁主义似乎并不是为了革命实践的需要，而是为了单纯的学习。所以虽然读了，但是消化不了。只会片面地引用马克思、恩格斯、列宁、斯大林的个别词句，而不会运用他们的立场、观点和方法，来具体地研究中国的现状和中国的历史，具体地分析中国革命问题和解决中国革命问题。"[①]

对于如何寻找问题，毛泽东指出，应该"理论和实际统一"[②]，"应当从客观存在着的实际事物出发，从其中引出规律，作为我们行动的向导。为此目的，就要像马克思所说的详细地占有材料，加以科学地分析和综合的研究"[③]。他批评一些人"对于研究今天的中国和昨天的中国一概无兴趣，只把兴趣放在脱离实际的空洞的'理论'研究上"[④]。"要懂得中国的今天，还要懂得中国的昨天和前天。在这种态度下，就是要有目的地去研究马克思列宁主义的理论，要使马克思列宁主义的理论和中国革命的实际运动结合起来，是为着解决中国革命的理论问题和策略问题而去从它找立场，找观点，找方法的。"[⑤]对于找问题的方法和态度，毛泽东强调，要有"有的放矢的态度"[⑥]"实事求是的态

---

① 《毛泽东选集》第3卷，人民出版社1991年版，第797页。
② 《毛泽东选集》第3卷，人民出版社1991年版，第798页。
③ 《毛泽东选集》第3卷，人民出版社1991年版，第799页。
④ 《毛泽东选集》第3卷，人民出版社1991年版，第799页。
⑤ 《毛泽东选集》第3卷，人民出版社1991年版，第801页。
⑥ 《毛泽东选集》第3卷，人民出版社1991年版，第801页。

度"①。"实事"就是客观存在着的一切事物，"是"就是客观事物的内部联系，即规律性，"求"就是我们去研究。② 毛泽东在 1942 年所著的《反对党八股》一文中进一步指出，"一篇文章……不提出问题，不分析问题，不解决问题，不表示赞成什么，反对什么，说来说去还是一个中药铺，没有什么真切的内容。"③

对于如何界定问题、分析和解决问题，毛泽东进行了深刻的理论阐释，他指出，"什么叫问题？问题就是事物的矛盾。哪里有没有解决的矛盾，哪里就有问题。既有问题，你总得赞成一方面，反对另一方面，你就得把问题提出来。提出问题，首先就要对于问题即矛盾的两个基本方面加以大略的调查和研究，才能懂得矛盾的性质是什么，这就是发现问题的过程。大略的调查和研究可以发现问题，提出问题，但是还不能解决问题。要解决问题，还须作系统的周密的调查工作和研究工作，这就是分析的过程。提出问题也要用分析，不然，对着模糊杂乱的一大堆事物的现象，你就不能知道问题即矛盾的所在。这里所讲的分析过程，是指系统的周密的分析过程。常常问题是提出了，但还不能解决，就是因为还没有暴露事物的内部联系，就是因为还没有经过这种系统的周密的分析过程，因而问题的面貌还不明晰，还不能做综合工作，也就不能好好地解决问题。一篇文章或一篇演说，如果是重要的带指导性质的，总得要提出一个什么问题，接着加以分析，然后综合起来，指明问题的性质，给以解决的办法，这样，就不是形式主义的方法所能济事。"④他还谆谆教导说，每个革命者要"学会应用马克思主义的方法去观察问题、提出问题、分析问题和解决问题，我们所办的事才能办好，我们的革命事业才能胜利"⑤。

毛泽东对写好文章的精辟论述对我们写好学位论文具有重要的指导意义，这也是他本人在探索和指导中国革命过程中面对复杂问题的研究和解决方法的总结，高屋建瓴，高度精练、概括，是十分宝贵的规律性概括，对于如何写好

---

① 《毛泽东选集》第 3 卷，人民出版社 1991 年版，第 801 页。
② 《毛泽东选集》第 3 卷，人民出版社 1991 年版，第 801 页。
③ 《毛泽东选集》第 3 卷，人民出版社 1991 年版，第 838 页。
④ 《毛泽东选集》第 3 卷，人民出版社 1991 年版，第 839 页。
⑤ 《毛泽东选集》第 3 卷，人民出版社 1991 年版，第 839 页。

法学学位论文具有重要的理论指导和思想指导意义。法学学生的问题意识直接源于法律理论、法律规范与社会现实发展之间的冲突。法律理论是对人类社会各类关系法律调整规律和原则等的表达，法律作为一种调整人们之间、人们和国家机关之间以及国家机关相互之间关系的社会规范，是建立在一定的社会经济基础之上的上层建筑，其稳定和变化主要受制于经济基础。由于法律追求规则的相对稳定性，最大限度保障公民权利和国家行为的合法性、权威性、可信赖性、社会秩序的连续性，而社会又是不断变化的，二者之间必然产生张力，为了化解这种张力，法律必须在适当的时候做适应时代需要的修改，但确定应在什么时候、采取什么方式、修改哪些条款、如何修改等一系列问题，必须建立在既有的法律法规具体存在什么问题的基础之上，只有具备对法律存在问题的科学认识，并且在一定理论、原则指导下提出与整个法律体系协调的可行的解决方法，法律才有可能在维护社会秩序基本稳定基础上，实现变迁。当这种变迁较大或激烈时，就可能形成影响较大的社会变革，从而存在巨大的社会系统性风险，能否控制风险，关键取决于对存在问题的精准认知和法律制度设计的科学性把握。从中外历史看，几乎每个时代有变法改革需求，也都有基于法律变化领衔的改革，但不是所有的改革都是成功的，真正成功的改革屈指可数，而失败或夭折的改革则不可胜数。改革是针对普遍的复杂的社会问题产生的反应，是以解决存在的问题又不致引发新的问题为理想目标，而问题"冰冻三尺非一日之寒"，往往是社会各种利益和矛盾盘根错节，长期累积，集中凸显，改革的本质就是变法，在我国除了商鞅变法等少数变法成功之外，绝大多数变法都是失败的，究其失败的根源是没有系统考虑清楚为什么变法？人民群众能普遍受益吗？存在哪些阻力？哪些群体的利益会被严重剥夺？如何通过制度克服阻力？如何分阶段进行？这些问题需要通盘考虑，尤其是"改革如果不能改变利益集团格局，不能重构社会结构，那么，所取得的成效都是暂时的，所收获的功效都是脆弱的，最终逃不脱失败的结局、沉没的命运"①。良好的

---

① 李仕权：《改革的教训：打捞中国历代沉没的改革》，中信出版社2015年版，第285页。

愿望和初衷最终酿成政治动荡、战争和血流成河的悲剧，历史上的王莽改制、隋炀帝改革、戊戌变法等的失败就是典型例证。法学学位论文的写作，需要更全面地梳理理论研究、制度变迁、规范文本和实施过程与效果，深度反思从立法到实施的系统性问题，在不断提问、诘问、设问和自我辩驳中，提出真问题。

在法学学位论文写作中，成功地提出了问题，论文就成功了一半，足见问题意识的重要性。在撰写论文过程中，最令学生头疼和艰难的问题是不知道写什么问题。所以，必须将问题意识理念贯穿到整个阅读和写作的全过程。当然，寻找问题还需要以大量的阅读和必要的实践为前提，要能熟练运用批判性思维发现在具体问题研究上的不足，还应有整理、提炼和概括问题的能力等。

大学阶段的学习，对于学生来说是人生中最重要的学习阶段。特别是对于中国学生来说，大部分学生在中小学阶段接受的更多的是应试教育，使得自主学习能力较弱，批判性思维训练严重缺失，到大学里需要在学好通识课程基础上，掌握系统的专业知识，培养批判性思维，训练提出问题、提炼问题、质疑权威和既往观点、提出和证明自己观点、创造性解决问题等能力。当下大学生普遍存在的能力短板是缺乏问题意识，缺乏对于涉及本专业领域的理论和现实问题的有效反思、深入探讨与提出新解的能力。同时，专业性的语言表达和写作能力在平时学习中也缺乏关注和系统训练，而这些能力的培养与集大成之体现非毕业论文不能胜任。只有在大学的不同阶段，通过有针对性、有计划、系统地进行论文写作分模块训练，最终在大学不同阶段（本科、硕士研究生、博士研究生）完成相应级别的毕业论文或毕业设计，将创新能力与多年所学的知识融通、提升、综合为一篇合格的学位论文。大学不同阶段都需要有不同侧重地进行论文写作训练。本科生在论文写作训练方面，由于所学及积累有限，专业问题没有多少先入之见，但往往能够提出许多新的问题与想法，可以大胆设问，小心求证，求证过程中还可提出新的问题。所以，大学生一开始大学学业就应该加强问题意识的培养。硕士研究生应该在本科写作和知识积累基础上，通过进一步扩充知识面和专业领域的基础理论，完成有较广阔的学术视野、创新的学术观点、严格的学术规范、严密的逻辑论证、提供现实问题或有现实意义的研究成果。博士研究生坚持"博"与"专"的高度统一，拥有更宽阔的学术视野，更精深的研究领域和具体的学术问题，博士学位论文应是代表该问题或领域的开拓或巅峰之作，是从学生走向学者的重要标志，是至少20多年的知识、见识和学识的结晶，是凤凰涅槃后的更新更高生命历程的起航，将深刻影响作者未来的学术方向、学术成就、工作成绩乃至人生境界的高低。所以，形式上的学士学位论文、硕士学位论文和博士学位论文的字数由一万字到几十万字，不仅仅是字数的不同，更有内在知识和思想含量的差别，尽管这不是一个放之四海而皆准的绝对真理。

第三节　批判性思维

问题往往是深藏在现实或表象的背后，不会自动呈现在人们面前。人们只有运用一定的思维方式去认识和分析客观世界，才能发现问题。从学术论文写作能力培养的角度看，批判性思维是最重要的思维。批判性思维是一个内涵丰富且尚未取得共识的概念，最早论及"批判性思维"的是杜威，他较早提出"反思性思维"（reflective thinking）概念，认为"这种思维乃是对某个问题进行反复的、严肃的、持续不断的反思"。[①]"反思性思维"揭示了批判性思维的核心要义。布莱克最早使用"批判性思维"这个术语，但没有为这个概念下定义。教育哲学家艾尼斯把批判性思维定义为"正确地评价命题"，是合理性（理性、逻辑性）思维，此后又进一步界定为"相信什么、聚焦什么的合理性、反省性思维"，总结出其"合理性""反省性""目的性""相信什么、决定做什么"四个特征，包含焦点、理由、推理、状况、明确性、整体把握等要素。[②] 随后，一些

---

① ［美］杜威：《我们怎样思维·经验与教育》，姜文闵译，人民教育出版社1991年版，第1页。

② 参见钟启泉：《批判性思维：概念界定与教学方略》，载《全球教育展望》2020年第1期。

学者都从不同视角对"批判性思维"进行了定义，如李普曼认为："所谓批判性思维是不偏颇，准确、深邃、真实，指向抽象性、一贯性、实践性的思维。"也有论者强调其"合理性"或"反思性"的特点。综合不同观点，可以发现，批判性思维最主要的特征有三个，即"批判性(怀疑性)、合理性(逻辑性)、反思性(反省性)"。摩尔和帕克则认为，批判性思维就是指审慎地运用推理去判定一个断言是否为真。① 在日常生活中批判性思维是与"怀疑一切"联系在一起的，以为批判性思维即"为所欲为地批判"，这是一种误解。批判性思维不是"责难对方的思维"。因此，正确理解"批判性思维"的内涵，主要包括：第一，基于论据的逻辑性的、不偏颇的思考；第二，有意识地琢磨、反思性地审思自身的思维过程；第三，旨在实现更好地适应目标与情境的目标的指向性思考。诸如，学习者与研究者进行的批判性阅读、批判性读取(信息收集)、批判性对话(讨论与发表)、批判性写作(报告与论文)，这些技能都是作为每个公民的生活所必需的。② 尽管对何谓批判性思维有不同观点，但这些不同观点中都隐含着"质疑""理性"的精神，是对待一切观点的"疑然后信"的一种人生哲学和社会实践逻辑。所以中国古人说："学贵有疑。小疑则小进，大疑则大进。疑者，觉悟之机也，一番觉悟，一番长进。"③批判是为了求得真知，求得长进，是人们过上理性生活的重要保证。梁启超认为，论辩之文要"能立、能破、悟他"④。

批判性思维的一个重要作用，就是引导人们冲破盲从，或者通俗地讲就是避免被"忽悠"。批判性思维的方法引导人们避免盲从，因为盲从的产生有三大根源：理由的虚假性、推理的不充足性和论证的单一性。在运用批判性思维

---

① [美]布鲁克·诺埃尔·摩尔、理查德·帕克：《批判性思维：带你走出思维的误区》，朱素梅译，机械工业出版社 2012 年版，第 3 页。

② 参见钟启泉：《批判性思维：概念界定与教学方略》，载《全球教育展望》2020 年第 1 期。

③ 朱熹：《读书贵有疑》。

④ 梁启超：《饮冰室专集之七十·作文教学法》，中华书局 1925 年版，第 37 页。转引自汲安庆、庄学培：《写作规矩，上达之基础——梁启超〈中学以上作文教学法〉中的五种意识》，载《教育与教学研究》2018 年第 9 期。

时，人们会去分辨不明智的决定，从而避免盲从。理性的批判就是破除迷信、偏见、成规、误导、封闭、单一和绝对的观点。批判性思维要求人们不能根据直观的感觉来接受信念和结论，更不可因此而采取行动，而是促使我们首先去辨别理由和证据、判断理由的真假好坏、探索隐含的假设和价值标准、挖掘更深的含意和根源，并寻求看问题不同的思路和视角，最终作出最理性的决定。我们常说"两害相权取其小，两利相权取其大"实质上也是批判性思维运用于解决利弊相间、错综复杂的现实问题应遵循的经典原则。

批判性思维在中国古代有丰富的思想和实践，如孔子、春秋战国时期游走于不同国家(诸侯)间的说客和辩士以及厉行变法图强的改革家等都是运用批判性思维的杰出代表，留给后人丰富的思想资源。其中，一直流传至今、作为学习范本的中国古代的许多著名政论文章，就是采取批判性思维的方式，质疑既有观点，独辟蹊径，以不同的视角和推理逻辑，超越人云亦云的固有看法，形成对某一问题的新颖视角和独到观点，论证铺陈，逻辑自洽，最终结论也能自圆其说。如贾谊的《过秦论》没有对秦亡做简单的表象层面的分析，而是通过史实和严密推理，推导出秦国因"仁义不施，而攻守之势异"必然导致迅速灭亡的结论，令人信服。而针对战国时期的六国(齐、楚、燕、赵、韩、魏)的灭亡原因，也是历代学人和政治家探讨不衰、观点纷呈、莫衷一是的问题，即使是父子之间，观点也可能不一样，比较有代表性和值得品鉴的宋代著名父子文学家苏洵与苏辙。作为父亲的苏洵的史论文章《六国论》的观点认为，六国衰亡的原因在于六国的统治者不敢与秦国抗衡，而采取赂秦以求苟安的政策，即"六国破灭，非兵不利，战不善，弊在赂秦。赂秦而力亏，破灭之道也"。其子苏辙则从韩、魏两国所处的战略地位出发，认为六国未能团结一致共同对付秦国，反而目光短浅，见小利而忘大患，彼此间"背盟败约，以自相屠灭，秦兵未出，而天下诸侯已自困矣"。其视角虽然与其父不同，也未能全面论述六国破灭的历史原因；但从正反两方面论述，观点鲜明，脉络清晰，分析精当，逻辑严密，充分运用批判性思维增强其论证力和说服力。古代此类名篇很多，如《管仲论》《辨奸论》《范增论》《贾谊论》《晁错论》等。当然，这些辩论文章与今天的学位论文不可等同，但其独立思考、发现问题和独辟蹊径的论证思路还是值得借鉴的。

中华人民共和国的缔造者之一，伟大的思想家、政治家、军事家、革命导师毛泽东同志的《论持久战》①更是运用批判性思维的典范。毛泽东通过大量阅读古今中外与军事相关的书籍，在《论持久战》中，纵横古今中外，旁征博引，与中央其他领导人讨论，丰富思考内容，立论与驳论并举，将人民战争、游击战争理论与现实紧密结合，论证全面而深刻，得出的结论令当时全国人民（包括国民党）信服，影响深远。《论持久战》因此成为指导抗日战争的最经典文献。在西方，几乎所有的哲学和社会科学、自然科学都是在不断地质疑前人学说的基础上取得不断的进步。以法学流派为例，近代自然法对古代自然法的反思和超越，分析实证主义法学对自然法学说的质疑、批判和否定，现实主义法学对前两种法学观点的缺点的纠正，综合法学对自然法学、分析法学和现实主义法学的系统反思与整合，都是建立在批判性思维的分析进路基础上。所以，训练、掌握和熟练运用批判性思维是古今中外一切有思想、有作为者的基本素质。

批判性思维促使我们去辨别理由和证据、判断理由的真假好坏、探索隐含的假设和价值标准、挖掘更深的含意和根源，并寻求看问题不同的思路和视角。批判性思维帮助人们去伪存真。

学位论文的写作需要独立思考，突破成见或完善不全面的观点，这也是运用批判性思维的过程。独立思考的本质是不经过合理的推断和论证，绝不相信一切，不在意结论的正确与否，而注重于论证过程是否严谨，不在于是否受人影响，而在于怎么受人影响。批判性思维要求对任何信念都提供具体而充足的证明来说明行为和原因之间、行为和结果之间、材料与结论之间，具有什么历史的、具体的、因果的或者统计的关系，还要求这样的说明遵循合理的原则。一些大学生在论文写作时，对事实和结论之间缺乏合理、严谨的论证。比较突出和常见的情况是在提出法律制度、规范或机制的完善对策时，先将域外的法律规范不做说明、不做限定、不做解释、不辨析条件地引用一通，紧接着就说我国应该借鉴域外的某某规范，或者人云亦云，根本不进行论证就"霸王硬上

---

① 《毛泽东选集》第2卷，人民出版社1991年版，第439~518页。

弓"生拉硬拽地得出应该如何改进法律制度或者具体规范的主张和论断。这些都是缺乏独立思考、批判思维的表现。

批判性思维应该贯穿于大学学习和论文写作的全过程，形成大学生学习和能力训练的基本理念，学位论文写作更应该时刻谨记对每个环节都必须检验、落实。能够驾驭逻辑的批判性思维是法学学位论文写作的基本要求。无论是通过调查数据还是典型案例，它们必须能够与论文要阐明的核心观点之间存在必然逻辑关系，论文整体逻辑关系应当具有严谨性和说服力，要做到这一点，对隐含着的对立或不全面的观点的反思和批判必不可少，而通过一些数据或典型事例来证明(验证)其现实合理性。同样，通过数据和案例也可以反驳妨碍论文结论成立的反方的观点，或者有意识地对可能的反驳(不同)观点进行辩论。对于如何通过独立思考，形成有力支撑自己观点的论说文，民国时期学术大家梁启超著有专论《中学以上作文教学法》，在谈到论辩之文最重要条件"耐驳"时提到了两条：一是自立，二是应敌。"自立"强调的是"在真确的事实之上，施行严密的推理，拿妥当的形式，发表出来"①，注重的是自我思想的系统整理；"应敌"强调的是随时防范潜隐读者的驳难，以使自己的主张更加圆满。从交际效果的角度讲，追求论辩之文的自立和应敌，既是为了更好地表达，也是为了更流畅地沟通，将潜隐读者视为假想敌，就更能够强化运思的缜密与严苛。

确立批判性思维理念十分重要，但学会运用则更为关键，即训练批判性思维的基本路径。以论文写作为例，一般而言，一个完整的批判性思维过程包括但不限于追问以下问题：

(1)参考或写作的论文或文章的中心议题是什么？全部同意还是部分同意它的断言？为什么？

(2)什么样的理由支持自己采取这样的立场？什么样的例子，真实的或假设的，可以用来说明这些理由？什么例子最有力？

(3)在确定了自己的立场后，应当考虑有人可能会不同意自己的想法或观点，我们就要问自己：别人会用什么样的理由来反驳或削弱自己的立场？自己

① 梁启超：《作文入门》，教育科学出版社2007年版，第33页。

该怎样承认或反驳他们的观点？应该熟悉论证的指导原则和关键概念。

（4）如何分析和论证？分析是把某物（比如论证）的各个部分分开，以理解它们是如何组成整体（内在逻辑关系、层次分布、要素排列等）的；论证是根据理由和证据的断言，企图证明某信念真或假的推理。

（5）如何提出假设和得出结论？假设常常是没有表达或者没有考证的信息，而只有它为真，结论才可能为真；结论是推理的终点，如果推理是严谨、圆满的，它就是有效的；这个过程中充满反例，而反例是用真实或假想的例子来反驳论证中的断言，实质上是正—反—合的过程。

如果说批判性思维是看问题和表达应当遵循的一种思维规律，那么其现实的面相展现在生产和生活中的形态就是说理，学位论文就是要学会运用更加系统、完备和更具有普适性的形式来说理。既有通过简明的"摘要"来概括又不失精当地说理（极短时间，陈述要点），又有选题适当、综述精到、资料翔实、层次分明、考证详细、方法得当、逻辑严谨、论证严密、注释规范、创新鲜明、语言规范、论述全面、研究精深、结构完整、智识丰沛、行文流畅的说理全貌，好的学位论文，特别是优秀的博士学位论文，不仅囊括未来工作和生活的所有写作的必备技能训练，更有可能是引领学术方向，开风气之先的扛鼎和创新大作。法学学位论文的说理，是一种综合性、通透性和共同性的说理，是最为严谨和复杂论证的说理，是拥有潜在的多方参与辩论和聆听的说理。

按照说理的图尔敏论证模式，它完整地涵盖了主张、保证、论据、支持、语气和反驳六个部分。在图尔敏之前，对说理结构的理解和分析是以形式逻辑本身为着眼点的。图尔敏提出的说理分析模式有不同的着眼点，它着眼于听众，具体而言，是那些立场中立，具有独立思考和判断能力的第三者听众，例如，在法庭上，有争执的双方各自陈述自己的立场和理由，同时还就对方陈述中的具体环节和细节提出质疑。各方在这么做的时候，是为了说服中立的法官或陪审员，而不是为了说服自己一方或对立一方的人员，因为无须说服自己人，而对立一方的人又根本不愿意被说服。[1] 图尔敏论证模式的听众是有待说

---

① 徐贲：《明亮的对话：公共说理十八讲》，中信出版社2014年版，第61页。

服的中立的第三者，它具有两个基本的认知特征。第一，它认为，说理中所有的主张、理由、中介保证、对保证的支持等，都是可以由对方诘问和质疑的，说理一方必须为此做好准备。第二，决定说理一方是否有理的是中立的第三者（法官和陪审员），不是自己一方或反对一方的"粉丝"。① 在这两点上，图尔敏模式既不适用于宣传灌输，也有别于形式逻辑论证。法学学位论文的写作也是如此，它是对第三方的读者进行的说理。论文写作中的反驳和语气也是特别重要的，对此图尔敏认为，反驳不是指别人在主张中说东，你就说西。反驳是指出对方"理由"和支持理由的"论据"有谬误或不实②，也是对对方支持论据的观点或证据提出异议和驳斥。只有这样的反驳才是说理，而不是吵架或强词夺理。论文的"语气"对论文的观点的可信度和说服力也起着非常重要的作用，许多初学写作的大学生往往忽视了这一点，容易进行绝对、偏激的论证和得出过于绝对化的结论。"语气"在说理中对"主张"起限定作用，这种限定是作为主体的人对客观事物认识的限度在表达上的必然反映。在现实的公共生活中，无论哪一方的说理不可能证明任何主张都是绝对正确的，因此，必然需要作某种限定，如"不排除""最有可能""也许""未必""似乎""一般而言""可能""从某种意义上讲"等。使用这样非绝对性的语气对争论的主题和观点进行表达，既提出了主张，又保留了例外的余地，是一种更加符合客观事物复杂性的叙事理性，是更容易为听众所接受的说理方式。

第四节　反思与创新

大学期间的学习过程和毕业时的学位论文写作基本上是成相反的思路展开。学习过程主要是将法学知识以概念化和体系化的方式进行传递和获取，很少去追问和质疑，即使有也只是为了更好理解法律的附属行为。而学位论文写

① 徐贲：《明亮的对话：公共说理十八讲》，中信出版社2014年版，第61~62页。
② 徐贲：《明亮的对话：公共说理十八讲》，中信出版社2014年版，第64页。

作不一样,它是通过对大学期间不同阶段的知识总和进行系统反思的过程,甚至是一种颠覆的过程,它必须以质疑和批判为出发点和武器才能完成写作,通过结合现实的法律现象,反思所学的知识在解决现实问题上的不足,从而提出法律或法学问题、运用法学知识和法律规范分析问题、发现知识和规则短板,再通过获得新的知识、运用合理方法解决法律或法学问题。学习的过程可能对法学争议或法律缺陷等问题视而不见,但写作过程则必须锱铢必较,于细微处见创新。教学过程是先抛出一个已经解决的问题或法律框架,如法理、法律、司法判决,教师负责将这些知识传授给学生,使学生获得法学的基本原理、法律的基本规范及其解读和解释的方法,在此基础上进行适当时间的法律实习,此过程可称为"学习和模仿"的过程,是一种了解、熟悉、认同和内化的过程。学位论文写作则不同,一开始需要运用所学的法学知识和现实认知,反观所学,进行自我知识掌握程度的解剖或对外规则使用效能解剖,从而发现所学的知识、所面对的法律或法学问题存在的可探讨和完善的地方,形成论文研究的问题(主题或议题),再运用否定之否定的论证逻辑和知识修补,形成一个新的认知框架,从而达到理解和运用法律理论和理解及创设规范的新境界,这种境界外化为社会认可的能力。这种不断学习—观察—否定—肯定—再否定—再重构的思辨循环,使法学原理与规范、法学理论与实践反复交融,互相印证又互相补强。就法律实践而言,是法律在被现实挑战和质疑中不断走向良法的状态;就法学理论而言,面对鲜活的社会变迁和层出不穷的新问题,法学理论也在不断自我修正、发展和完善。实际上,法学史和法律史的演进都是在不断反思中前行的,即使是法律的公理和最具有普世性的法学和法律原理,都是在社会变迁的不同阶段,由法律实践刻下的烙印。如刑法理论与规范、私人财产权法律保障的理论和法律规范等,从社会关系相对简单的奴隶制社会到社会关系极其复杂的当代社会,其变迁的印迹具有鲜明的时代特色。

　　反思性学习具有四个显著特征,这些特征都可在学位论文写作过程中得到充分体现。其一是探究性。法学学生经过3~4年的学习,毕业论文的写作可以反思几年来的学习活动和知识储备,借助论文选题和预设解决方案、运用已学法学知识寻求"问题"以及"答案",重构自己的理解,激发个人的智慧和潜能，并在研究所涉及的各个方面的法现象、法规范和法理论的协同作用下，产生超越已有知识谱系的新的认知构造和信息处理能力。这种通过毕业论文写作的反思性学习的灵魂是"自省"，通过对自我已经获得的认知进行检讨、质疑或否定，保留经过审慎反思的确信，提出疑惑问题，补充新的知识或方法，结合既有的确信的法学知识，整合成新的知识、分析框架和论断，完成知识的增长，是一种写作主体的自觉性和升华性的修炼过程。其二是自主性。反思是反思主体独立、自主学习过程，无法由其他主体代替。在写作过程中，学生以完成论文写作为直接动力，进行主动的、自觉的、积极的探究。尽管有教师指导，但学生作为论文的作者，既是演员，又是导演，自始至终都是真正的主人。它通过自我选题（老师只是提供建议，最终决定选什么题目还是学生结合自己的兴趣、能力和知识储备等因素自主决定）、自我分析和论证、自我提供解决方案，从而获得自我体验和能力提升。其三是发展性。与常规学习相比较，反思性学习对个人的发展作用更大。常规学习是学生借助各种工具和途径对知识、经验等的简单、重复、直觉性的吸收活动，以"学会知识"为目的，以成绩为显现；而反思性学习是一种复杂的、探究的、理性的学习活动，它以"学会学习""学会运用"为目的，及时检视学习的直接结果，又是新创结果和知识活化的途径。另外，常规学习关注学习任务的完成，而反思性学习既要检验学习任务完成的质量，更要使学生的理性思维得到发展。其四是创新性。学生在论文写作过程中通过反思，对如何提出问题及解决问题的思维过程进行全面的考察、分析和思考，从而深化对问题的理解，优化思维过程，揭示问题本质，沟通知识间的相互联系，促进知识的同化和迁移，并进而产生新的发现。因此，反思是一种积极的思维活动和探究行为，是探索、发现和再创造的统一。历史上的许多新的发现就是在反思过程中获得的。

　　法学学位论文写作本质上是一种创新，从原创性、思辨性和发展性来看，主要体现为三种创新形态：第一种是开天辟地式的原创性研究。这最具有创新意义，其价值最大但难度也最大，当然也不乏灵感的触发和顿悟所得，但此类情形并不多见。因为没有先前成果可供参考，材料得首次收集、整理，新思想新观点可能涉及新的论证方法等，难度自然最大。第二种是补全。对前人的研究成果进行梳理后，加以补充，形成较为系统的论述或观点，这种创新最为常见，也是法学学位论文写作的主要形式，通俗地讲是一种"顺杆爬"式的创新。第三种是反驳式的创新。由于事物和现象的复杂性，不同作者寻找的立论依据和论证过程不同，得出的观点不一定获得他人的认同，极有可能是偏激的，这就为其他学者获得了与之商榷和辩论的机会，因而也就具有了论文的新意。一般而言，几乎所有的新开辟的哲学社会科学学术流派的观点都具有一定的偏激（片面）性，没有偏激（本质上是强调某一种视角或方法的最大作用和无所不能的解释功能，从而标新立异，形成派别的重要标识）的观点，就不会存在哲学社会科学的多样化研究。所以古人讲，"横看成岭侧成峰，远近高低各不同"，过分强调一个方面的决定意义就会忽略其他方面的价值和影响。世界万事万物的发展，都是一因多果、一果多因、多因多果等极为复杂的因素互动的结果，人们只能选取自认为重要的关联因素进行妥帖的逻辑推演，形成理论框架，得出符合其预设的逻辑框架下的研究结论。但囊括一切因素、面面俱到的哲学社会科学研究又因缺乏集中、鲜明的问题意识和重点，形成沙粒般的散论，更加背离论文和思维的本质。所以，从这个意义上讲，一切的创新只是某一点或几点的创新，是从某一种视角观察下的创新，或者是方法上的创新，材料上的新颖，很少有所谓的全面创新。正因如此，学界也有人总结认为，法学（哲学社会科学）学位论文能达到自圆其说即是好的论文，尤其是理论性强的论文，的确可作为一个衡量标准。当然，从法律科学的要求看，这种自圆其说，至少不能无视法律的公理、基本常识、人的尊严，不能突破人类文明的底线。

第五节 责任与沟通

所有对外交流的文章背后都必须有责任支撑，不负责任地发表文章是对他人的冒犯，是对表达自由的滥用，是制造文字垃圾和社会垃圾的行为，道德上应该受到谴责，工作上则贻害无穷。毛泽东在批评党八股的危害时说，"党八股的第六条罪状是：不负责任，到处害人"。① 他指出，党八股文章产生的原因"一方面是由于幼稚而来，另一方面也是由于责任心不足而来的"②。"许多人写文章，做演说，可以不要预先研究，不要预先准备；文章写好之后，也不多看几遍，像洗脸之后再照照镜子一样，就马马虎虎地发表出去。其结果，往往是'下笔千言，离题万里'，仿佛像个才子，实则到处害人。这种责任心薄弱的坏习惯，必须改正才好。"③他打比方说"我们写文章，做演说，只要像洗脸这样负责，就差不多了。拿不出来的东西就不要拿出来。须知这是要去影响别人的思想和行动的啊！一个人偶然一天两天不洗脸，固然也不好，洗后脸上还留着一个两个黑点，固然也不雅观，但倒并没有什么大危险。写文章做演说就不同了，这是专为影响人的，我们的同志反而随随便便，这就叫做轻重倒置。"④毛泽东的文章责任观同样对法学学位论文的写作具有很强的指导意义，是法科学生必须终身牢固树立的写作理念。古人说，文章千古事，得失寸心知。其实还不仅仅如此，曹植早就说过，文章乃经国之大业，不朽之盛事。法学专业乃极具经世致用性的专业，每个学生毕业后都会运用法治思维进行各种活动，撰写各类文书和文章影响自己和他人的生产和生活，甚至关系到国家、集体和他人的重大权益，尽管古代所说的以文杀人的情形可能不会重现，但也无法保证会杜绝。对法学论文的逐字逐句地推敲不仅是基于写作的一般要求，更是由法律人所学法律专业严谨性、规范性、准确性、权利义务性和未来职业的神圣性所决定的。

　　法学学位论文写作过程是运用法学和其他相关学科知识进行说理的过程，这种说理具有鲜明的价值取向和伦理制约，由于法学的说理是基于法律的公共品质，因此，它是一种负责任地公共说理的过程，它阐释的一些观点和案例列举需要表达一定的价值导向和伦理观念，需要满足公共说理涉及的三种基本伦理要求，即德性、责任和权利。孟子曾言："大匠能与人规矩，不能使人巧。"

① 《毛泽东选集》第 3 卷，人民出版社 1991 年版，第 840 页。
② 《毛泽东选集》第 3 卷，人民出版社 1991 年版，第 840 页。
③ 《毛泽东选集》第 3 卷，人民出版社 1991 年版，第 840 页。
④ 《毛泽东选集》第 3 卷，人民出版社 1991 年版，第 840 页。

梁启超指出,从培养学生的"文德"观念和"文体"感出发,"凡做一篇记载之文,便预备传到后来作可靠的史料,一面对于事实负严正责任,一面对于读者负严正责任。学生初学作文时,给他这种观念,不唯把'文德'的基础立得巩固,即以文体论,也免了许多枝叶葛"。① 要动人,先动己,这是千古不变的创作真谛。而动己与动人均取决于作者和文章的道德境界。夏丏尊认为"文章真要动人,非有好人格、好学问做根据不可"②。前面论及的文以载道,也说明"道"是文章的本质,是作者责任感和使命感的内化。这种责任是作者为文应当有利于传播和传递社会正能量,促进人类的文明进步,宣扬善的价值观,及时对社会阴暗面和不公正现象的叙述与研究,其指示的方向依然是鼓励人们勇敢面对不完美的现实,尽自己的努力改变,哪怕一点点,也有涓涓细流、汇成江海的时候。法学论文的中心不在于揭示和批判现有规则的缺漏和实施中的不公正等背离法治的因素,中心在于提出符合法理、体系协调、回应现实、有可操作性的立法、执法或司法具体对策。这种写作训练,看似模拟,实则是训练一种法安天下的责任感。

进一步看,法学学位论文写作涉及的责任是多维度的:首先是作者写作文本对读者,它体现为一种沟通过程中的德性,即"理"与"善"、"诚"与"信"、"诚恳"与"诚实"。论文作者有责任讲清楚提出论点所依据的充足理由。在学生论文写作过程中存在一个普遍的问题是,有观点或主张,却不说理或说理严重不足。在不说理或说理不足的情况下,如何说服读者?说理是一种影响别人,与别人互动的交流方式,常言道,有理走遍天下。应该讲道理、能讲道理和会讲道理是法学论文作者的道义责任和必然要求,是写作者和阅读者或评价者之间互相交流、说服,双方彼此都受益的行为,因而也是一种善的表现。这种说理在公共生活中,更为经常也更为重要。如在民主选举中的竞选演说和演讲活动,竞选者必须知道选民需要什么,允诺满足他们的需要,如果选民被他

---

① 转引自徐振宗:《梁启超对写作教学的贡献》,载《北京师范大学学报》1987 年第 2 期。

② 夏丏尊、刘薰宇:《文章作法》,中华书局 2013 年版,第 84 页。

说服，就会投他一票，这也就满足了竞选人的需要，也保障选举制度设计的功能实现。通过说服来满足彼此的需要，这被视为政治的"好"和普遍的"善"。而说理只有首先是诚实的，才可能获得他者的信任。学会论文说理有其重要的公共生活意义，而且也关乎成为合格公民和做正常人的道理。亚里士多德把演说分为三种：议事演说（未来之事）、法庭演说（过去之事）、公民大会的展示性演说（当下之事）。在雅典的公民大会上，人们用话语，而不是武力影响别人，解决争端。这时候，用语言说服别人就成为公民责任。只有用话语来维持和维护和平的社会人际关系，非暴力的社会秩序才能长久存在。① 这种通过说理，以理感人、以理服人的德性人格和公民品格需要在学生时代通过加强论文写作训练，逐步形成。

论文写作（包括一般的写作）不可能与写作者的心态和目的分开，而写作者是以怎样的心态说话，却是一件很难证实、很难确定的事情。所以，人们对修辞总是既感到需要，又有所提防。孔子说"质胜文则野，文胜质则史"，质朴多于文采就难免显得粗野，文采超过了质朴又难免流于虚浮。过分装饰，则会缺乏一份真诚的心意。孔子还说，"有德者必有言，有言者不必有德"，意思是有德行的人一定有善言，有善言的人却不一定有德行。过于借助修辞，却会令人怀疑说话者是否能动人以诚，才特别需要依靠技巧；是否因为说话的其他因素（动机、用意、目的）有所欠缺，才特别需要用修辞来掩饰。当然，真诚的表述依赖于对事实的全面把握和表达的精准，使用法律说理，特别是法庭的说理，是以证据为王，法学论文的论证也是如此，有一分证据说一分话，有九分证据不说十分话。这既是一种对客观事实的忠诚，也是法律真实的要求，更是对他人的真诚和事物规律的把握，是说理论证和说服他人的最好方式。诚实且诚恳的说理者应该清楚地告诉别人自己在说什么，或要说什么。而且，他需要自己先把问题想清楚以后，再去试图说服别人。孟子说："贤者以其昭昭使人昭昭，今以其昏昏使人昭昭"，自己都没想清楚的事情，怎么可能表达清楚让别人明白？一个好的说理者，他得先使自己明白，然后才去使别人明白；

① 徐贲：《明亮的对话公共说理十八讲》，中信出版社2014年版，第252页。

如果自己都没有搞清楚，却说能使别人明白，那就是在愚弄和欺骗他们。清晰明白的表达是对他人最起码的尊重。柏拉图的《斐德罗篇》中，苏格拉底认为，"任何人如果想要成功地说一件事，那么有一点是他在开始说之前就必须做到的。他得知道自己要说些什么，否则的话一定会说得不着边际"①。说话要说得好，必须是说话人心中对他所要表达的主题的真理已经有了通透的认识。

其次，法学论文应当承担社会责任。梁慧星先生认为："在从事法学学术研究时，要有科学的精神、正义的追求和独立的学术人格，要有对国家、民族负责的责任感。每提出一种新观点、新主张、新学说，每提出一项对策建议，都要考虑是否符合法律正义，是否符合人权、民主、法治，要对国家、民族负责。"②语言是人与人之间交流的工具，作为在一定范围内公开交流和传播的学位论文，承载着更多的社会功能，一方面表征着作者的思想观点、学术道德和胜任工作的基本判断依据，另一方面作为专业领域的研究成果，也是他人研究参考的文献对象，一篇文理不通、胡编乱造、价值观扭曲或毒化心灵的论文，不仅空耗阅读者、参考者宝贵的时间，也可能引导其产生不好的价值取向甚至走向邪恶。所以古今中外都对严重伤害人们羞耻感的"淫秽"作品进行封杀，将其列为禁书，不无道理，尽管用今天的观点来看未必都合理。所以，负责任地说理能够促进人与人之间的和平、社会的安定、公序良俗的维持、公共参与的理性和纠纷的和平解决等。论文尽管是在阐释自己的观点，但也是在与潜在的不确定对象进行沟通的过程。人类产生和发展语言的重要目的和功能之一就是为了更好地沟通，从而分享彼此的经验和传达思想。人类的社会生活中离不开人际沟通，自古以来人际沟通在人类史上就有各种各样的文化传承。"言而无文，行之不远"，如果文章没有文采条理和思想内容，就不能流传很远，文化的传承也无从实现。中华文明之所以延续几千年而不中断，一个重要原因是许多精于说理的文章典籍承载着中华文明的真知灼见，文理并重，代代传承，

---

①　[古希腊]柏拉图：《柏拉图全集》第 2 卷，王晓朝译，人民出版社 2003 版，第 148 页。

②　梁慧星：《法学学位论文写作方法》，法律出版社 2006 年版，第 117~118 页。

取得了贯通古今的功效。深入系统研究不同民族的法律文化和制度，是在不同的时期、不同的民族、不同的地域间一种最好的和极富价值的沟通方式和沟通文化。法律作为调整人们社会关系的行为规范，在处理个人关系、家庭关系、夫妻关系、邻里关系、社区生活、工作关系乃至团体合作、商务沟通、民族问题、公民与国家和社会组织的关系、国家间关系以及世界和平等上都有着不可替代的作用，如何通过法学说理、理性地沟通和交流在我们的生活中起到了越来越重要的意义。

以司法为例可以理解法治社会中司法说理的价值和功能。人们常说，司法是社会正义的最后一道防线，法官是这道正义防线的守门人。[①] 作为法律人职业共同体重要组成部分的法官，是沟通法律规范与具体案件权利义务判定的中间人，其权威性不是来自其身穿法袍和居于裁判人的地位，而是来自法官在调解和判决过程中的充分说理来对原被告双方对立的主张进行引导，促进理性沟通，作出合乎天理、国法和人情的司法裁决。现在提倡司法判决要"案结事了"，是对之前不注重调解和裁判说理及沟通等做法的纠正，是由单纯的"裁判"转向既重法官"裁判"又重当事人"服判"，不仅口头信服，更是心理信服，是心服口服。法律适用尤其要注重以理服人，因为它的每一次适用都会对双方当事人和全社会产生巨大的影响。法院是天下最讲公正和道理的地方，司法讲理是确保司法公正的最好方式，不讲理的司法极易诱发司法不公，而司法不公则对法治危害最大。正如培根所说："一次不公正的裁判，其恶果甚至超过十次犯罪。因为犯罪虽是无视法律——好比污染了水流，而不公正的审判则毁坏法律——好比污染了水源。"[②]中国几千年的传统文化也始终将法院作为说理的

---

① 试想，当原被告收到不一样的判决书时，法官在当事人和社会中的形象受损的程度会有多大，要修复受损的影响需要付出巨大的努力和很长的时间。2019 年 3 月 19 日，中央电视台《焦点访谈》栏目报道辽宁省绥中县人民法院在审理一起合同纠纷案件时，给原被告送达了两份截然不同的裁判文书。该事件曝光后，按照该院一位庭长的话说："这事真是办得磕碜，让我们司法机关颜面扫地。"参见中国网，https：//news. china. com/social/1007/20190319/35459375_all. html，2019 年 9 月 5 日访问。

② 转引自《习近平关于全国依法治国论述摘编》，中央文献出版社 2015 年版，第 71 页。

地方，无论是文学作品还是政治事件，大量地解决纠纷场景都是借助司法过程得以展现，使各种诉求得到最终的评判结果。尽管不乏一些揭露司法黑暗的情节或事实，但中外历史的真实是司法通过权威和透彻的说理为绝大多数纠纷作了较为满意的终局的决断。法庭作为一个最透明、参与主体最多样化、程序最完整和公正(相对于其他纠纷处理方式而言)的场域，法庭的庭审既是双方举证质证的场所，也是多方通过陈述、辩解、倾听、监督和旁听进行互相沟通、接受监督的过程，公开审理和公开判决的最大好处不仅仅是对当事人的公平对待，更重要的是形成一个开放的沟通场域，将天理、国法和人情的融通过程透明地向社会传达，彰显了司法的公正性，体现了社会的监督性，固化了公众最终通过司法来实现对正义的诉求的依赖性，进行了最鲜活有效的普法教育，也增强了司法的公信力，提高了司法在公众心目中的神圣感，强化了司法人员的职业神圣感、使命感、成就感和责任心，当然也最大限度地防止了司法腐败的发生。法学论文的写作可以看作是为了今后从事法律相关工作的一种模拟演练。这种能力不可能自然获得，必须遵循一定的训练程序，通过一种科学、标准考核方式才能实现。同时，现代社会对法律人才的大量需求，不可能像古代社会边实践边学习的师徒制来培养人才，必须是大规模的，并且由于法律体系的丰富和法学理论的精深，公众对裁判说理的需要，个别化的培养方式从经济成本和法制统一的视角看，也是不符合社会现实发展要求的。同质化的培养方式尽管不断受到诟病，但法学教育没有适度的同质化就不可能有法律适用的公平、公正和效率，最终也不可能实现国家的法制统一，法治国家的建设目标也会遥不可及。

基于法学教育就是培养立法工作者、法官、检察官、律师和执法者等的最主要方式，高校是最重要的培养基地，无论多么重视法学论文的写作都不为过，但在法学学位论文的写作中，始终要有一种潜在的沟通对象，一种秉持理性、崇尚法理、敬畏规则、直面现实、情系苍生的情怀，而不是一个人自说自话，完全不顾及社会的一般看法和常人的感觉及经验，采取违反常识的说理和表达，应该在多角色互动的沟通语境中提出问题、分析问题和解决问题，兼顾与论题相关的各种情形和质疑，以一种负责任的心态和行文对待每一个标点、每一句话、每一个段落和文章的结构，真诚、有据地阐述自己的观点，清晰流畅地表达思想，让写作的轨迹都透着真、善、美的气息。古人谈写作心得的名言如"两句三年得，一吟双泪流""语不惊人死不休"，这些感言蕴含的对字句反复推敲的认真负责精神值得借鉴，特别是对我们在法学论文写作时加强字词句章的精雕细琢，增强写作责任感具有积极的意义。一篇经过作者认真反复推敲修改的论文，不仅大大增加了作者的写作功力，而且让作者与读者之间思想的沟通更加顺畅，也培养了作者严谨细致的写作习惯，也一定会使读者如沐春风、心悦诚服，论文到此境界，斯为妙矣！

所以，树立论文写作的责任意识，是顺畅有效沟通的基础和保障，铁肩担道义，妙手著文章。负责任地沟通不仅是对自我负责、对读者负责，更是对自我劳动的尊重，对他人的理解和尊重，对顺畅沟通的敬畏、对思想交流的渴望。而一篇错字连篇，词不达意或词与意违、表达混乱的论文，不仅不能传递良言美意，还可能事与愿违，严重者酿成灾祸，古今事例数不胜数，对学位论文而言，一旦提交则终生不可更改，一旦出现学术道德和学术规范方面的问题，影响将是终生的，为学位论文者不可不慎思为戒。

第二章　法学学位论文的写作规范

第一节　何谓写作规范

　　学位论文是文章的一种，既要符合一般文章的基本要求，也要符合学位论文的特殊要求和规范标准，同时作为法学论文又有法学学科领域的问题领域和语言格式等形式方面的要求。

　　作文之道，古已有之。好文章弦歌不断，江山代有才人出，每个时代都有文章大家和传世之作涌现出来。但是，作文方法能不能口传心授、作文教学如何进行？这却是千百年来来各执一词、聚讼不已的一个问题。文学理论家刘勰说，"文场笔苑，有术有门"①，其意是说，作文有法度、有规律可循，于是便有了文章规范、文章义法等。著名诗人杜甫却说，"文章千古事，得失寸心知"②，意思是，作文之道只能意会，不可言传。于是便有"性灵"说、"文气"说。这又给人一种神秘感，难以琢磨。

　　我国近代以来较早谈论和研究作文规矩的学者当属民国时期学术大师梁启超先生，他基于当时文言文向白话文的转变，教师教学和学生作文面临的困境，结合自己的写作经验和对中外写作的研究，提出了自己的看法。他引用孟

---

① 刘勰：《文心雕龙·总术》。
② 杜甫：《偶题》。

子说的文章"能与人规矩，不能使人巧"①，说明文章做得好不好，属于巧拙问题，巧拙关乎天才，不是可以教得来的；如何才可做成一篇文章，这是规矩范围内的事，规矩是可以教的。当然，懂了规矩文章不一定会巧，但掌握了规矩之后，便有巧的可能性和基础。"不以规矩，不能成方圆"②，作文如果不懂规矩，绝对不会达到巧的境界，偏离规矩的文章，绝对算不上巧的文章。

所以，梁启超是从一般的作文规矩上阐述写文章的基本要素和普遍规则，他把复杂纷繁的写作现象，高度概括，分类为两种不同的层次。

一是可以教可以学的"做成一篇文章的规矩"。从最低限度上讲，写出一篇平实简易、妥当的文章，还是有途径可循、有规矩可依，这种规矩，主要是构成文章的基本原理，或者说写作的基本规律。掌握这些"规矩"，是学习写作的基本功，是写好文章的必不可少的基础。我们说写作是一门科学，正是因为写作活动有这样一些必须遵循的法度和规矩。刘勰所讲的"文场笔苑，有术有门"，所谓"术"是指方法或程式，"门"是指途径、门道或规律，综合看是指写作的法度和规矩。

二是写作活动中"不是可以教得来的""巧"的功夫，即文章写作的艺术技巧，它是写作活动中更高层次的要求。梁启超说："巧拙关乎天才。"实际上，它是作者多方面智能的综合表现，它不仅与作者的生活阅历、思想水平、知识修养有关，更主要的是决定于作者的写作功力、才情和审美情趣，难以通过口传心授和一般教授而学得，只能通过写作者从对名篇佳作的阅读欣赏中去品味、感悟、涵泳，通过写作实践去探索、磨炼，在真正有所领悟有所体会之后，方能化为自己的技能技巧，才能写出独具特色的好文章。杜甫总结的"文章千古事，得失寸心知"是对"巧"的形象解读。

关于论文的规矩，梁启超提出，好的论文要具备两个条件：一是耐驳；二是动听。所谓耐驳，就是"能立能破"，把自己的主张立起来，为人所接受，并能经得起批驳。做到"耐驳"的方法是"在真切的事实之上，施行严密的推

---

① 《孟子·尽心章句上》。
② 《孟子·离娄章句上》。

理，拿妥的形式发表出来"。这看似简单，实际上却包含着丰富的内容。所谓动听，就是道理讲出来动人，让人家喜欢看，让人家信服。怎样才能动听？他说："同一内容，写出来能动人与否？要看各人的技术如何，这已近于巧。然在技术上也有许多规矩，规矩明白了才能谈巧。这规矩有四种：一急切，二明晰，三注重，四对机。"所谓急切，就是"文章最要令人一望而知其宗旨之所在"。"作文时最好将要点一起首先提出"，① 换句话说，单刀直入，急切地、爽快地将要旨点出，便"易于动人"。所谓明晰，是要求"条理清楚"。所谓注重，是要求"平列许多思想，初浅后深，层次分明"。所谓对机，是要求说理时要看对象，要有针对性。

　　在梁启超之前，清朝曾国藩在《复陈右铭太守书》中，也谈了对写作的体会，或可称之为写作戒律，具有一定的规范意义，涵盖了相当于今天的学术道德和写作技巧。主要内容有：（1）作文戒律之首，就是不得剽窃。（2）对于别人的褒扬，不要过分。至于贬人之恶，更须谨慎。（3）一篇文章之内，主题不宜多。"万山磅礴，必有主峰。"（4）有的人见识不足，却喜欢用冷僻或晦涩的字句，来吓唬读者。这也是作文一大戒律。遵守以上戒律，方可下笔写作。写完之后，将文章读熟，反复思索、修改。长声地反复吟诵，词句曲折抑扬，使文章气势如缥缈天外。曾国藩对写文章力戒事项的归纳尽管难以全面，但至今依然具有很大的价值，值得记取和自我警醒。

　　学生不能把基于毕业要求的学位论文写作"只当作一种私人的文字，而是文化传播学家波兹曼所说的'书面形式的公共话语'。这也就是说，作文写下来的文字是给别人阅读的，作者有责任清晰而有条理地表达自己的看法，所以必须讲究一些被公认为是有效的写作规范，这些规范同时也是说理的基本规范"②。

　　从规范的视角看，法学学位论文的基本要求是，概念要有规范定义，与文

---

① 转引自徐振宗：《梁启超对写作教学的贡献》，载《北京师范大学学报》1987 年第 2 期。

② 徐贲：《明亮的对话：公共说理十八讲》，中信出版社 2014 年版，第 182 页。

章的论域保持一致，论点、论证和论据要有符合逻辑的联系，案例的选择典型且可契合主题进行深度解剖或抛砖引玉，导入主题，分析要有切实的求证和公信力的说明，提供值得信赖和一定层次以上的关联材料和文献来源，等等。以下对主要规范性问题进行分述。

第二节　确定选题

一、选题的重要性

选题看似短短几个字(极少数多至一二十字)，实则隐含规范要求。题为文眼，题好一半文。一个新颖醒目的文题会令读者一见倾心、先入为主、心驰神往、一睹为快，好的文题正如芬芳的美酒，令人未饮先醉。文题具有先声夺人的作用，自古以来，为文者所重视。① 选择一个合适的题目，是论文写作的关键，"好的选题也意味着论文成功了一半"。从论文的基本构成要素看，"选题"是第一要素。论文评审专家和答辩委员会成员首先要审查论文的选题是否有理论意义。② 所谓的理论意义，不仅仅是在理论上的创新性和对实践的指导性，更重要的是有一种可思辨性，作为学术论文的理论探讨，从来没有既定的答案和不可辩论的观点，如果有，则意味着论文没有理论意义，因为已成定论，再论就多余了，从这个层面上讲，思辨的张力是论文的价值、生命和质量的内在品格，没有可争鸣的议题或观点，就不可能成为一篇好的学术(位)论文。每一篇学位论文应该都是"前无古人""独一无二"的，就像每个人的独特性一样，否则就涉嫌抄袭或模仿，或重复研究，严重的从法律上讲就构成侵权。然而，如何从纷繁复杂的社会生活与学术理论中选择一个适合自己学习阶

---

① 陈艳芬、李东辉：《题为文眼：学术论文文题的价值意蕴》，载《今传媒》2013年第9期。

② 梁慧星：《法学学位论文写作方法》，法律出版社2006年版，第6页。

段、知识储备、学术兴趣、资料能力甚至兼顾未来职业方向并且具有独创性论题(通过题目部分显现),是所有学生都面临的最费神的问题,也可以说是所有写作者最重视、纠结的问题。

二、选题困境

造成学生选择选题困难的原因是多方面的,最主要的是因为长期的以学校全日制教育的课堂为主的学习模式,注重学生以公共课、基础课、学位课、选修课等列入培养计划的知识传授和测试为主、以考试或考查作为合格和学分获取的主要标准,这样的人才培养和测评模式,导致一定程度上忽略了写作能力培养的课时保障和训练的连续性、体系性。等到需要通过学位论文来完成毕业程序时,平时训练的缺乏和就业压力及临近学习终点时的紧张情绪等多种因素,导致应付性和应急性的论文写作状态。更深层次的原因可能是我国近几十年来大学教育以培养知识获取和传承为主,以就业率和就业去向为培养质量衡量标准,研究性、创新性培养体系和目标在客观上被弱化的结果,重学习轻研究,重确定轻批判,学生(至少本科学生)一般不理解学习知识和研究问题的区别及其联系。因此,我国学生的论文选题,多是从课堂上得来,不是受到老师讲课的启迪,就是阅读教科书的感悟或者对法律现象做教科书式解读。有其因必有其果,既然很多学生都是模仿教科书来展开问题研究,论文最后写成经典教科书的模样也就不足为奇。这是没有弄清楚教科书与论文之间的区别。教科书通常处理的是某一个领域里的基本问题,以传递知识为目的,内容大多以通说为主,注重内容的体系性解读,编写者表达自己的研究成果与独特看法的分量和情形较少,特别是多个作者合著的国家统编的教材。因此,教科书的重点在于介绍和陈述,而非论证。而论文的目的就在于提出一个新的观点、新的视角,是以问题为导向,以论辩或辨析贯穿始终,以一家之言作为论文的标志及衡量创新的核心标准,往往是对既有理论的质疑、延伸或突破,这就必然要求论文需要找到一个很小的切入点,以十分挑剔的眼光看待他人的研究成果和观点,以批判的态度审视一切进入其视野的法律现象,以小见大地层层推演,展开论证,而不像教科书那样以讲述近乎无争议(从教材知识为考试题目标答的意义上讲)的通说为主要内容。论文写作的首要目的，不是总结已有知识，而是探索新的知识。[①]当然，探索新知需要以既有的知识为基础。

三、选题路径

著名史学研究者严耕望先生在谈到论文选题时，有许多经验和真知烁见，他主要从具体问题与抽象问题、问题的实用性、大问题与小问题、自己能力与材料情况、检查论著目录等方面对论题选择进行了阐释。[②]他认为"研究工作，为把稳起见，最好多做具体问题，少讲抽象问题"。"因为具体问题的证据也比较具体，较易作客观的把握，需要主观判断的成分比较少；但抽象问题的证据往往也比较抽象，较难作客观的把握，需要主观判断的成分比较多。"[③]所以，具体问题似难实易，而抽象问题似易实难。关于问题的实用性，他指出，如果不考虑社会影响力，应用型可居其次，若希望有较大的影响力，就得考虑实用问题。一般而言，"国家大计、社会动态、人民生活、思想潮流是最为大家所关注的问题，在这些方面有了重要的贡献，较易为大家所注意所看重，可发生较大的影响力"[④]。选择论题，首先要考虑自己的能力范围。"自然要先度量自己的长处何在，千万不能盲目地看到好题目就做，也不管自己在这方面的能力是否可以胜任！"[⑤]当然，也不能要求万事俱备才开始写作，具备一定基础时，可以边研究边补充相关知识，"并不能说自己具备一切相关知识才去动手；也可能在研究过程中发现缺乏某些辅助知识，那就不免要临时抱佛脚，自我去补习，尤其是其他学科的理论与技术"[⑥]。除了能力之外，"材料是最基本的因素。选择一个论题，先当留意关于这一论题的材料是否充分到足以圆满地解决问题，得到成果。不但如此，而且也要预先想到，自己是否有力量控制这

---

①　凌斌：《法科学生必修课：论文写作与资源检索》，北京大学出版社 2013 年版，第 3 页。
②　严耕望：《治史三书》，上海人民出版社 2016 年版，第 50~62 页。
③　严耕望：《治史三书》，上海人民出版社 2016 年版，第 51 页。
④　严耕望：《治史三书》，上海人民出版社 2016 年版，第 52 页。
⑤　严耕望：《治史三书》，上海人民出版社 2016 年版，第 58 页。
⑥　严耕望：《治史三书》，上海人民出版社 2016 年版，第 59 页。

些材料"①。

在选题过程中，还有一个令学生非常棘手的问题，那就是，费尽心力选择自己感兴趣的题目，一查相关资料，发现别人已经有研究，做还是不做？令人迷茫，对此严耕望指出，查一查别人所做的与此有关的问题，是必要的步骤，但不必费太大功夫在这些上面。"我看到有些青年，对于某一问题有兴趣，而查工具书所列论文目录，看到有同题论文一篇或数篇，因而趑趄不前，怅然若失。或者论题已定，而在着手搜集基本材料之前，先查看他人所作相关问题，往往列出百十篇卡片，遍找该等论文，花费很大气力。其实也都不必。"②因为从理论上讲，别人做得很好，自己是不必再做了，但别人的成果，对于我的工作如果有帮助，应该要参考。其实更重要的是，别人已做过的问题，做得好到什么程度？已做过相关问题的成绩对于我的工作能帮助到什么程度？特别是大题目，可以进一步研究的空间和角度是很多的。严先生对选题的认识和总结洞若观火，对选好论文题目，处理重名题目的见解和建议极富启示意义。

也有学者提出选题的 8 大原则：(1)价值原则。选题具有重要性、理论价值(对原有理论体系的完善补充、突破、改善等)、应用价值、现实意义。(2)前沿性原则。要有战略眼光，有国家视角，对未来有导向作用。(3)创新原则。不能重复，如果之前有类似的，即不要考虑。选题应有新意，有亮点。(4)可行性原则。研究水平与能力，资料占有优势与研究时间的保证等。(5)适度原则。大小要合适，难度要适中。(6)累积性原则。前期要有研究积累。(7)兴趣原则。结合自身兴趣做研究，突出兴趣。(8)精准性原则。题目应控制在 20 字以内，清晰简洁明了。真正好的标题，是可以与后面的三个关键词配套呼应的，研究的问题对象与范围不应该超过三个关键词。③ 尽管这只是针对一般的研究课题如何申报选题的经验总结，但事实上，对法学学位论文的选题也具有较好的借鉴和指导意义。

---

① 严耕望：《治史三书》，上海人民出版社 2016 年版，第 59 页。

② 严耕望：《治史三书》，上海人民出版社 2016 年版，第 61 页。

③ 许正林：《课题设计与论文论证的几个基本问题》，载《新闻与写作》2018 年第 5期。

学术论文和学位论文选题无论是对作者还是读者乃至社会都具有十分重要的意义。对作者而言，是开始写作和写作能力的重要表征。梁慧星教授认为，选题是学术论文写作的开始，实际上就是选择和确定研究课题、研究方向的过程，是极为重要的一步；是科学研究能力之一；博士、硕士论文的选题，是决定论文是否成功的关键。① 对读者和社会而言，学术论文选题的作用有三：一是提示，用简洁的语言概括论文核心内容和主要观点；二是吸引，吸引读者阅读全文；三是检索，供二次文献机构、数据库系统提供检索和录用。② 另外，选题也折射出论文的创新程度。通常单从论文题目大致可以看出是否有新意，一些论文选题一看就是不理想甚至失败的选题，如选题缺少新意，无创造性；不精练，冗长呆板；横空出世，与内容毫无关联；把话题当选题，毫无个性；大而无当，放之四海皆准等不一而足。

四、选题要求

选题如此重要，在论文写作时需要认真对待，一个好的选题，需要满足一些基本要求。

论文从字面上讲，是指对一个问题的合乎逻辑和规范的讨论，在古代也称为辩论，是一种辩驳和论证的文体，培养的是一种对事物认知的辩证思维能力，是人们在复杂的生活和生产过程中对不确定性、目标多样性和价值取舍的思维反应，本质上是人类对既往的经验教训的反思、对未来不确定性的利害关系的权衡和发展规律的探索，是在相互对立的矛盾运动中抓住主要矛盾解决问题，从而最大限度地适应和改造外部世界，满足个体和群体需要的思维及实践活动。作为每一个个体的论辩训练，基于其生命和精力的有限性，只能选取某个问题进行系统分析，从而形成一种思维习惯，再在同类中形成一定形式和内容的思维框架及共识、决定模式。所以，当人们从事不同领域的工作时，都有

① 梁慧星：《法学学位论文写作方法》，法律出版社 2006 年版，第 6 页。
② 陈艳芬、李东辉：《题为文眼：学术论文文题的价值意蕴》，载《今传媒》2013 年第 9 期。

一套可行的思维模式进行内容填充和思想交流。随着社会发展，行业、学科越分越细、越来越多，作为研究训练的学位论文写作既有一般的共性，也有学科的特殊要求。基于此，法学学位的论文选题，既有学位论文的普遍要求，也有法学自身的要求。

万事开头难，作为学位论文写作第一步的选题，到底应满足哪些基本要求呢？不同学者的观点不一样。有学者认为选题的基本要求有三：一要有问题意识，二要有创新可能，三是切合个人情况。[①] 何谓问题意识？简而言之，就是作者通过学习和了解现实发现既往史实、理论或实践中存在的问题，从中提炼出一个学术上的话题，然后给出一个自己的命题并加以论证的认识过程。所以，问题意识实际上是一个认识客观事物、发现矛盾进行反思、提炼出一个有一定普遍意义的话题、提出和论证自己的观点让人确信的升华过程。在这个过程中，现实的问题不等于学术的问题，现实的表现可能是一个表象，学术的问题是揭示本质，最终解决的方案可能又是另外一种方案。正如清代著名文学家、书画家郑板桥在总结画竹的经验时说："江馆清秋，晨起看竹，烟光日影露气，皆浮于疏枝密叶之间。胸中勃勃遂有画意，其实胸中之竹，并不是眼中之竹也。因而磨墨展纸，落纸倏作变相，手中之竹又不是胸中之竹也。总之，意在笔先者，定则也；趣在法外者，化机也。"郑板桥高屋建瓴地概括了艺术创作和创新的规律，揭示出客观、具体的物象必须经过思维加工(如取舍、简化、重组、夸张等手法)才能成为凝聚着思想和审美的艺术作品，一如清代著名画家石涛所言的"搜尽奇峰打草稿"，论文亦然，对生活中的法律现象必须经过思维加工，进行提炼，抽象化和理论化为一个具有一般性的命题，借助命题、理论的解释功能，对法律现象进行合乎逻辑的解释，从而为同类法律现象提供系统、全面的解释，发现问题的本质，提出合理的解决方案。当然，该观点的第三点"切合个人情况"是非常难以做到的，因为写作者往往有"身在此山中，云深不知处"，这种"当局者迷"的现象也是一个普遍现象，更何况需要通过论文写作提升能力，超越自我，如果仅仅按"现有的我"进行论文选题，也

[①] 何海波：《法学论文写作》，北京大学出版社 2014 年版，第 20 页。

会导致写作缺乏挑战性和进步性目标上的自我设限。也有学者提出，论文选题应具备四项要求，即有学术性、理论性；有实践性、针对性；有充足的资料；能够扬长避短。① 还有学者提出选题应遵循"小清新"原则。"小"是指题目要足够小；"清"是指题目要自己确实想清楚了；"新"是指题目要多多少少有一点新意。② 以上不同的观点都从不同侧面谈到了选题应该重点关注的方面和自我判断的标准，对于防止选题出现重大失误具有较好的指导意义。笔者认为，对选题的要求固然每个学者或写作者看法不尽相同，各有千秋，可兼收并蓄，结合法学学科的特点，将其归结为七个方面的基本要求，即选题是一个真问题的选题(不是伪命题)、学术研究价值、现实针对性、充足的资料、创新之处、与个人能力匹配、属于法学领域，下面选取几个主要方面进行阐释。

(一)选题应该是一个真问题的选题

由于法律规则和法律现象是公民和国家生活中最普遍的现象，任何一个生活中的问题都与法律有关，但不是所有的法律现象都是可以或值得研究的"法律问题"，有些问题是无法论证或缺乏内在逻辑联系的问题，可能本身就是伪命题。比较常见的是有些学生看到国外有某个制度就直接认为我国应该建立某个制度或改变某个机制，以此作为选题，就极有可能生成伪命题。还有的法律现象并不是制度带来的必然结果，如果以此立论对制度进行改造，也可能形成伪命题。还有一些极个别现象，发生概率极低或局限于极为特殊的复杂条件下，不具有普遍意义或法律不可能进行干预和规制的，作为选题也会成为伪命题。当然，伪命题不可能一开始就被意识到，比较熟悉以及有较多生活感知和社会实践案例认知的选题可能比较容易被判断出真伪，但有更多命题需要经过一定时间的资料收集、因果关系探寻，以及对现实生活的普遍性、重要性和未来大概率发生性的验证，逐步明晰。总之，只有真问题的问题意识，才是进行

---

① 梁慧星：《法学学位论文写作方法》，法律出版社 2006 年版，第 12 页。

② 凌斌：《法科学生必修课：论文写作与资源检索》，北京大学出版社 2013，第 43~46 页。

论文选题的出发点和落脚点。

选题就是选问题，而问题又离不开话题，话题离不开生活，而人们的生活既有纯个体私生活又有公共生活，还有两类生活集于一身，彼此交融的。一般而言，法学的选题多以对人们和社会、国家有普遍意义的话题为基础或切入点，至少需要从学理上可展开分析的具有法律意义的问题。有时仅仅有意义还不够，必须是典型的、当下的、被人们普遍关心或即将引起普遍影响的问题，也即是说它不是原子化的个体的、孤立的或极小范围的问题，必须是具有一定的普遍联系、如不重视会引起更大连锁反应的问题或是具有投射性意义的问题，同时也是能超越其他类似成果的、具有创新性的问题。从最高标准看，最具价值的选题是顾炎武所说的"必古人之所未及就，后世之所不可无，而后为之"。这样的题目当然既能超越前贤，又能开启后学，能达到这种境界殊为不易，但每个论文写作者在心中都要有"虽不能至，然心向往之"的追求。现实地看，对于本科生的毕业论文，是否一定要超越之前研究，是否对后来研究不可或缺具有引领性，不做奢求；做博士学位论文的选题可以此为目标追求。至少对博士学位论文本身而言，写作完后，还留有可以继续深入研究的空间或进一步拓宽研究的基础，直至作为自己学术创新和学术专攻的独特领域。

人们普遍关心的法律问题很多，但那些可以从法学上进行研究，具有进一步分析必要的问题才适合作为论文选题。有些问题虽与法律有关，但暂时难以从法律上厘清和提出可行对策，则不适合作为选题进一步讨论。因此，要提炼出问题，一般而言，应注意以下几个维度的统筹考虑。

一是问题在现实中切实存在，并且实实在在给公民生活带来了困扰，给公民的法律权利(有时给道德权利)带来侵害或威胁，如公权力腐败、公民个人信息的泄露、网上购物被骗、"套路贷"、村民耕地被工厂污水污染导致减收或绝收，既可以是人们都热议的问题，也可以是局部聚焦的问题，还可以是深层次的问题，如法律传统和法律文化层面的问题，如重男轻女、女儿外嫁但未迁户口取消村里土地承包和分红等具有中国传统文化色彩和遵从所谓习惯处理的问题；还有用今天的法治观重新审视古代法律传统的问题，目的是古为今用，所谓"观今宜鉴古，无古不成今"，这初看起来与现实无关，实际上是借古人治理国家和社会的经验教训和智慧，助今日之治理，所谓"一切历史都是当代史"，从传统法律文化和经验的当代转换看，言之凿凿，值得发掘。所以，现实中存在的问题是一个多层面、多角度的问题。

二是如何将现实问题提炼成在学术上具有探讨意义的问题。现实中重要的问题未必都是在学术探讨上有意义的问题。现实中的问题总是可以从多个方面去看待和讨论，所谓"横看成岭侧成峰"，但不是从每个方面都能进行法学研究的。哪些现实问题可以进行法学研究？这可以主要从以下两个维度来判断：其一是否与法律规定有关联，这种关联包括有法律规定但执行不好；无法律规定但却有制定的必要；有法律规定但规定本身存在不完善之处，或是重要条文缺漏，或者规定模糊，适用存在重大争议或难以适用，或与现实脱节，或与相关法律法规冲突，或者执行后导致荒诞的结果，等等。其二是否具有学术上探讨的可能，现实问题只有在学理上进行概念化、类型化、抽象化和理论提升后，现实问题才可能转化为理论问题或规范性、系统性对策问题而成为论文研究的选题，如现实中具体法律问题反映出怎样的法律原则、法律目的、立法理念、思想和法哲学或法理学问题，现实的法律现象或困惑可能借用哪些国内外的传统法律资源进行求解等。总之，一切前期搜寻和思考的问题，最终都要转化成学术问题，使之成为一个可以从学理和法理上争鸣和探索的问题。

三是必须有一个明确的中心的问题。论文之所以称为论文，而不称为著作或文集、全集、汇编等，其核心是用文字的形式讨论一个问题，形成一篇解决作者聚焦的一个重要问题的文章。论文导源于辩论，一个中心有利于凝聚辩论的力量和论证的力量，便于结论的水到渠成、掷地有声、不可置疑、令人信服，达至论文的成功。如果兵分多路，形同散文，让读者不知靶标所在，不知所云为何，看似面面俱到，实则蜻蜓点水，空无一物，没有有理有据地提出解决任何问题的严谨框架和论证过程。所以，好的论文必须集中优势兵力，攻其一点，围绕一个论题，尽量穷尽所有应有维度，层层深入，充分论证，纲举目张，混元一体，得出令人信服的结论。正如古人所言，与其伤其十指不如断其一指。如果论文有多个中心，不仅会带来逻辑上的无法自洽和观点的分散，无法有效组织材料和行文，也会让读者感觉"只在此山中，云深不知处"，只是一堆无关联的材料组成的凌乱无序的几段文字的堆积和拼盘。好一点的，是将论说文变成了说明文，差一点的就是任意性的材料拼凑。其实在选择和评价一个论文题目时便可略见端倪，有些题目一看就可以断定论文是多中心，诸如"若干问题研究""几点意见"，即使是学术大家所写，也不可视为规范性的学术论文。还有一种"明修栈道，暗度陈仓"式的多中心，此类情况更为常见，几乎成为大学生论文的通病。其表现就是题目是一个问题，但在论文目录或论述过程中将一些无关的问题进行铺陈，从概念辨析到法律规范沿革、特点、重要性、必然性、可行性、中外法律规范盲目摘取一通，最后几句话谈一下与论题关联不大的几点看法。当然，论文写作中，有些背景性、概念性和必要的法律沿革可能会有助于读者理解论文的选题意义和论文的完整性，但如果概念不具有独特或重新赋予的含义、法律沿革已成通识或与论文关联甚微、中外法律无比较借鉴可能及必要，就不必像教科书和说明文写作那样，否则，论文内容的多中心就不可避免。既然一篇论文只能有一个中心问题，那么所有的行文都必须围绕这个中心展开，围绕中心问题展开具体问题的梳理、分析和对策论证，按照最密切联系和影响原则展开相关问题的探寻和比较材料的萃取与辨析。如，当你讨论某个机构或机制的建立问题时，就不要用大篇幅(用一章或多个单独的节)谈论法律体系或立法的重要性。就拿设立金融法院的必要性论证为例，不能通过论文大量章节大谈金融和金融法的重要性来论证设立金融法院的必要性。因为某个法律或某些法律是否重要与是否设立相应法院不具有必然的因果关系，这是两个不同的论题。要设立金融法院，只能从一个特别法院的设立有何现实的紧迫性以及若不设立会有哪些严重的后果出发。在这里，金融法的重要性已经一目了然了，设立金融法院的目的实际上是用专门法院更好地推进金融法的实施，所以再在文章中大谈金融法的重要性就是两个中心议题了，也就偏离了设立金融法院的中心论题了。

四是选择与学位层次相适应的大小适中的问题。从相对小的具体问题切入，但与大的问题有紧密关联，能够小题大做、以小见大最好。既有如平等、自由、公平、正义、人权、民主、法治等抽象而宏大的话题，也有如人身权利、言论自由、选举权、隐私权、请求权、物权行为、债权行为、无因性等具体的、小的话题。对于宏大的话题和抽象的概念，是不建议选作论文题目的，因为需要全面论证的内容涵盖古今中外的不同思想、制度和法律实践，也存在着大量无法达成共识的理论争议，不是一两本著作或几篇论文就能阐释清楚的，即使是一两百本著作或许都不可能彻底论述清楚。尽管有大量讨论这些宏大话题或抽象概念的论著，也都是选取其中某一个或几个侧面进行论述的，遇到此类问题，建议将本来很宏大很宽泛的题目进行视角细化和对讨论范围加以明晰的限制。其合理性和可行性在于：其一，因学生毕业时间和所学知识的限制，只能量体裁衣，合理规划选题；其二，学位论文的功能更是一种规范训练，只要能达到"管中窥豹略见一斑"即可，为日后"百尺竿头更进一步"奠定思维和能力基础；其三，论题足够小才能找到切入点，才能把局部、单个问题看得真真切切、明明白白，表达和论述才能通透深刻。古人云，"花开两朵，暂表一枝"，集中精力，解剖麻雀，是揭示和解释普遍真理的最好方式，成本最低，效益最大。那怎样的问题才算是大小适中的问题呢？这要结合个体的知识积累、写作能力和时间、问题的真实性及理论探讨的价值进行判断，并没有一个固定的标准。同时，也要看学生是否有能力驾驭。如果某问题学生还驾驭不了，比较好的解决方案就是将题目缩小，将讨论范围进行限定（限缩）。事实上，当一个问题限缩到一定范围以后，切入题目、组织材料、确立框架、展开论证和提炼新意等都不会太难。如果一开始就确立大题目，就会发现要找的资料无穷无尽、要解决的问题层出不穷、要确立的中心论题备选太多、左右为难，最终导致开头难、组织材料难、一二三级标题间逻辑连贯难，导致论文越写越难，写作者苦不堪言，拜读者一脸茫然。所以，好的选题多是小中见大。小中见大是指切入点要小，尽量地将问题缩小到可以把握的范围。所谓"大"，是指视野要大，从小问题出发将一个大视野内的问题勾连起来。小问题可以变大，可以延伸出许多问题来。打一个不太贴切但也有类似意义的比喻，如同公安机关从单个犯罪案件入手，逐步深挖，顺藤摸瓜，最后很有可能挖出深藏其后的犯罪集团、新的犯罪类型或者新的社会形势下的犯罪特点和趋势，从而为新时代打击和预防新型犯罪提供经验和判断依据。

对于选择大问题还是小问题做研究，也存在辩证的思考空间。针对学界有主张小题大做才能深入的专精一派，与主张选择大问题才有意义的通识一派，严耕望先生认为两派都有正确的一面，但若各走极端，也都有很大毛病。在他看来，"讲大问题是应该的，尤其要重视关乎国计民生的重大问题；但也要用做小问题的方法去做。选做小问题也可以，但要注意到这个小问题是否与某一重大问题极有关系，或是其一部分；或者也可说着手研究的是个小问题，而心目所注视的是某些大问题；那么问题虽小，但可供他人将来研究大问题之用，这也是一项积极意义，但这种意义因与大问题的关系愈远而愈消失！"①对一辈子想做研究的人而言，他建议，"青年时代，应做小问题，但要小题大做；中年时代，要做大问题，并且要大题大做；老年时代，应做大问题，但不得已可大题小做"②。

梁慧星教授认为："硕士论文题目的设计，要避免过大；博士论文题目的设计，要避免过小。"③而本科生论文的题目设计就应该更小些。这些标准也不好把握，高校教学中有一个大致的通例，就是本科生的学位论文不应少于 8 千字，硕士生的学位论文不少于 2 万字；博士生的学位论文不少于 10 万字，超过的不限。作文的关键问题是应该把问题论述清楚，观点明确、结构合理、逻辑严谨、论证严密、语言规范等。因此，只有小问题才能更好满足这些要求。否则，题目定得太大，洋洋洒洒，要么写了几万字，还未入题，要么撒胡椒面，蜻蜓点水，结构松散，或者文不对题，牵强附会。更多的不好现象是，论述涉及一二点，丢掉四五点，还有七八点（未论述），最后离开中心点，论文通过还差一点，被否决或重大修改概率大了点。更有甚者，可能最后的结果是毕业要迟点（推迟一年或半年毕业）。所以，在研究一个法律概念或现象时，按照学历层次或资料掌握情况确定合理范围是比较可行的方式，而且应该作为最重要的考量基准。如，对于法律中的"人"的探讨。题目可以是"法律中的人"，这是一个很大的题目，古今中外的公法私法中的"人"都得研究，显然没

---

① 严耕望：《治史三书》，上海人民出版社 2016 年版，第 55 页。
② 严耕望：《治史三书》，上海人民出版社 2016 年版，第 56 页。
③ 梁慧星：《法学学位论文写作方法》，法律出版社 2006 年版，第 24 页。

有几部专著是无法研究到位的。日本学者星野英一写了一本著作，名称为"私法中的人"，从民法的视角进行探讨。我国有学者写过"公法中的人""宪法中的人"等相关论文，相对于"法律中的人"这一题目，写某一个部门法中的"人"更有利于组织材料和展开论述，问题会谈得更透彻。作为学生，还可以将"人"放在更具体的法律规范领域中研究。北京大学陈平原教授谈自己当年撰写博士学位论文的选题经过，对于从事人文社会科学研究的学生而言很有启示意义。[①] 他回忆说，在开始写作前，他的导师王瑶先生就提醒他："别弄一大堆理论。"意思是说，别把理论弄成一个筐，什么都往里头装。确定选题的大原则包括：第一，这个题目值得做，所谓"古人之所未及就，后世之所不可无"；第二，这个题目能做，作者以前的积累指向这里，以后的研究从这里出发。他指出，选题目其实很难，必须考虑到学术界的状态、自身的能力，还有这篇论文发表后对学术界的贡献。在选择选题过程中还会不断冒出很多新的想法。我相信很多人都是这样。有的人一进大学或者研究院就有一个方向，围绕这个方向，目不斜视，一直做下去；另一种是通过读书，不断思索、徘徊、选择，在很多方向中纠缠、挣扎，最后确定一个。他认为自己是后者。他当时选了三个题目，涉及三个类型。第一个题目是，现代文学和宗教的关系。该选题被导师否决了，为什么会被否定的过程推理具有普遍借鉴意义。作者回忆说，他的导师告诉他，不给作者出题目，但可以帮他排除不合适的题目。也就是说，不管学生怎么读书，怎么选题，只告诉他哪种选择可能是错的。这个题目为什么被否定？导师的意思是：第一，虽然你对这方面有兴趣，但你没有受过宗教学方面的专门训练，除非你补课，在宗教学方面下很大工夫，否则你就是骗文学界的人。你可以在文学界谈禅论道，但这毕竟不是你的专长。第二，他说，我可以很明白地告诉你，将来能请到的参加论文答辩的教授，没有一个人懂这个。答辩时，可能人家看在导师的面上，让你通过；也可能你的论文超出

---

① 祝晓风、张涛：《博士论文只是一张入场券——陈平原谈博士论文写作》，原载《中华读书报》2003 年 3 月 5 日，转引自 https：//bbs. pinggu. org/jg/lunwen_boshilunwen_845223_1. html，2020 年 3 月 16 日访问。

一般教授考虑的范围，你会碰到很多意料不到的困难。两种结局都不理想，所以这个题目最好不做。

第二个题目，作者当时对语言哲学感兴趣，所以自然而然地对文言和白话的关系感兴趣，想重新讨论这个问题。他当时跟王先生讲，他有一定积累，可以从晚清一直谈起，讨论20世纪中国文学语言问题，他谈了一些思路，王先生还是不同意。他认为这个题目，如偏重理论，太玄了；如着重资料整理工作，则没有大的建树。另外，如果一定要做，就得大补语言学的课。

第三个题目是关于小说叙事方式。这个题目，一开始不是这么申报的，只是想讨论中国小说形式的变化，而是后来逐渐成形的。王先生说这个题目可以做，但提醒作者不要把"文学概论"直接套到文学现象上。作者一开始想研究小说形式的各方面，最后缩小到叙事模式。依作者的判断，在整个演变过程中，对于晚清乃至整个20世纪中国文学，最值得注意的是叙事方式的变化。之所以将论题限定在清末民初30年间，因为他想做的是中国小说叙事模式之"转变"。这样的"限定"，会把复杂性凸显出来。假如写成中国小说的叙事方式，这样也可以，但很可能会变成面面俱到的铺陈。但若"转变"，会更多考虑问题的复杂性，不仅涉及外国小说的启迪，还必须追究古代中国小说的传承。表面上不断缩小范围，但实际上是将思考逐渐深入。谈中国小说，缩小到形式研究，再缩小到叙事模式，最后缩小到叙事模式的转变。这并非偷懒，而是将问题不断推进，思考逐渐深化的结果。

陈平原教授虽然只是从文学方面对自己博士论文选题过程的回顾和经验分享，但对我们法学论文选题同样具有很好的指导意义，也概括了学生论文选题过程中极具代表性的问题，告诉我们在选题上要充分考虑社会热点与问题价值、个人兴趣与知识积累、问题聚焦与学术创新、泛泛而论与精深研究等诸多现实因素和理论创新维度。陈教授认为，小题小做，可以做到小巧玲珑，但没有多大意思；大题大做不是博士论文所能承担的，那需要花一辈子精力；大题小做，最怕的就是这个，写杂感可以，做论文不行；小题大做有可能使成果比较坚实。北京师范大学陈垣先生的名言，就是做学问要"涸泽而渔"，如果"小题大做"，可以做到；但若"大题大做"，则不可能实现。怎样在一个富有潜力的小题目里做出大文章来，要有大的眼光。这取决于题目所潜藏的较大的理论背景，也取决于题目本身的潜力。研究的理想状态是进去的时候是小问题，出来的时候是大文章。这些源于长期写作经验、深得论文精髓的高屋建瓴的阐释，需要学生在不断写作实践中揣摩和探索。

五是选题类型。按照选题所指向的目标不同，主要可分为理论型选题和制度型选题。一般而言，法哲学、法理学领域的课题大多属于理论型，所有部门法也都有理论型选题。在写作的难易程度上，理论型选题相对较难，制度型选题相对较易。理论型选题，需要作者有较强的抽象思维能力和驾驭理论的能力，擅长抽象思维的人可以充分发挥其长处。如果不擅长抽象思维的人选择理论型选题，就会很吃力，感到难以驾驭，讲不出多少道理；因而，这类人就应当回避理论型选题，而选择制度型选题。制度型选题，顾名思义，是以法律制度为分析对象，研究古今中外的法律制度，由于具有较具体的有关法律文本和法律实践方面的丰富材料，发现问题、组织材料、行文结构，制度反思和完善、解决方案等则相对容易把控，可以作为平时练习和学位论文写作的首选。但是，从发展法学写作能力的视角看，必须在制度分析基础上，进一步进行理论分析，将理论、制度和具体实践结合起来，互相贯通，才是最理想的写作能力提升训练。

从人类社会发展规律看，人类一刻也不能没有理论思维，所以，将理论和制度结合起来是比较好的选择，否则，只有制度的梳理和一般分析，容易缺乏理论深度，特别是难以窥探制度何以为该制度的背后价值因素及社会政治经济和文化、习俗等诸多因素的影响，改进制度也会就事论事，缺乏高屋建瓴的顶层设计和正确的理念指引和控制。一如很多学生喜欢引用西方制度和规范来反思我国的制度和规范的不足并提出引进或改进建议，西方有些制度和规范看起来似乎更适合社会治理和合乎人的自由与自治，但这些认知是从结果上反推的，是因为西方更早建立了法治，科学技术和社会管理暂时也比我们先进，这些现象判断也比较客观，但如果不去深究西方法律思想史、政治思想史、社会学说和文化学说等理论沿革及相关批评学说，是难以全面认识、得出客观和令人信服的结论的，简单引入的"拿来主义"只会导致水土不服，至少从理论上和路径上让读者不信服为什么必须引入或借鉴西方制度。更何况我们古人早就总结出"橘生淮南则为橘，生于淮北则为枳"的地域差别带来的结果相异性。道理何在？这种现象的背后有更深的气候、水土等原因的影响。作为法社会学鼻祖的孟德斯鸠和历史法学派创始人的萨维尼，都指出法律制度的地域差异和特定文化、社会因素对法律制度的重要影响。思想是制度的先导，理论源于实践，理论指导实践。如，要正确、客观认识中国几千年的封建法律及其作用，只有制度的分析还远远不够，必须从中国的哲学、政治学说、伦理和文化属性上找关键性影响因素，如儒家和法家思想在立法、执法和司法中的指导作用。所谓外儒内法、伦理法、宗族法、习惯法及男尊女卑观念以及这个观念背后的农耕和游牧社会的生产方式对法律形态和适用的深刻制约性等，这些可能才是破解和正确评价中国传统法律制度的密钥。同样，当下要制定一部法律或引进域外某种规范、批准某个国际条约，无不应该通盘考虑中国的宪法制度、中国人民的整体利益、人们崇尚的人际关系旨趣、生存哲学、生产力和生产关系、行为习惯和生活方式。正如前些年都在批判中国传统社会注重调解不看重判决，并得出"厌讼"的结论。事实上这一结论并不成立，更多的是曲解孔子并以不全面的案例分析得出的结论。子曰："听讼，吾犹人也。必也使无讼乎。"[1]意思是说：听诉讼审理案子，我也和别人一样，目的在于使诉讼不再发生。孔子的理想是通过诉讼达到减少诉讼的目的。这一目标在当今世界基本上是司法共同的价值追求之一。至今未看到哪个国家公开宣称，设置诉讼法和法院是为了让人们更多地进行诉讼。事实上美国的多元纠纷解决机制同样也是为了减少诉讼的发生率，无论是从诉讼成本还是人际关系等方面分析，诉讼都不是首选的解决纠纷的方式。孔子的无讼理想是对诉讼的社会价值和功用的最早也是最本质的表达。我们今天大力推进社会治理现代化，推广和发展"枫桥"经验，其中最核心的经验之一是将矛盾化解在基层社区。即使矛盾提交到法院，也是遵循先调后判的审理程序。"好讼"在古今中外都未被国家和社会正面褒扬过。反观当今世界，法治发达国家也推崇调解作为解决纠纷的首选或前

---

[1] 《论语·颜渊》。

置程序，中国几千年的重调解结案应该是一个很好的中国传统和中国特色，反而由于少数学者标新立异般地与西方司法制度比较就轻率否定，实在是一种不准确的理解和判断，也是对古人不适当的苛求。通过对这个历史事实的不同评价，不难发现，充分、合理的理论和制度相结合的分析才是最好的论文写作之道。所以，即使是制度型的选题也应该关注制度背后的理论支撑和社会因素；同样，理论型的选题也需要以制度作为潜在的印证和分析对象。

(二)选题的学术性和理论性

论文的学术性、理论性与选题大小无关，小到一条规则、一个概念，大到一项制度、一项原则、一个理论甚至一个法律体系或法系都可作为选题，关键是选题包含的范围或内容有可商榷的讨论事项，并且不是一个纯客观的问题，还与人们的主观看法(如价值观、世界观等)或理论依据联系，具有法维度上的思辨性。如果仅仅是个人因素导致的"裁判不公"或"知法犯法"等具体操作层面的问题，作为论文选题意义不大，但如果"裁判不公"背后有许多原因，特别是法规间的冲突、司法外力量的不当侵入、司法体制内在的问题、诉讼规则或程序的漏洞等诸多因素造成，并且尚未被系统研究或现有研究把脉不精准等，就可以作为论文选题进行写作，因为这里面存在大量可思考、可思辨的问题和空间。

如何衡量一个选题是否具有学术性和理论性，实际上与差异性和创新性相关联。从一定意义上讲，在法现象领域，具有差异性和创新性(这里主要指内容上的)的选题，一般也就具有学术性和理论性的基础，因为学术性和理论性的本质也是求异，跟别人一模一样的研究绝对谈不上学术性和理论性，因为别人已经研究过，仅仅是重复而已。当然，与别人不一样并不必然具有学术性和理论性，但这里讨论的前提是，论文写作者本身具备研究能力，是在正确的问题意识指导下的求异思维。梁慧星教授认为，以下五种情形之一的就可以认为具有学术性和理论性：其一，补白性选题。这一课题前人没有研究，至少是国内法学界没有做过研究，填补研究的空白。其二，开拓性选题。这一课题前人虽然有所研究，但成果很少，并且仅对部分问题进行了研究，如果能将研究的范围拓宽、程度加深，作系统、全面、深度的研究，就具有开拓性。其三，提出问题性选题。对社会生活或法律生活中出现的新情况、新问题过去没有研究，提出这一问题本身就具有价值，标志着学术研究的进步，也许论文还做不到系统、全面、深入的研究，其学术性和理论性就表现在率先提出问题。其四，超越性选题。这一课题前人已经做过很多研究，可能已经形成通说，但论文根据社会生活和法律规范的重大发展，总结实践中的新经验，回答了实践中的新问题，所作出的研究结果远远超过了前人所达到的程度和水准。其五，总结性选题。论文在前人研究成果的基础上做系统、全面、深入、具有总结性的研究。① 当然，这种评价标准和指导性的归纳，的确有利于学生对论文选题的理论意义进行自我审视，但需要说明的是，一篇好的学位论文，或多或少都涉及其中若干情形或全部情形，只是每种情形所占的比重有所不同。一般而言，在总结性的基础上，增加一些补白性或超越性的成分，就是一篇很不错的学位论文，也是绝大多数学位论文的写作模式，这与后面讲到的写作之前的文献综述及资料收集密切相关。

(三)选题的创新性

创新是学术论文(含学位论文)的生命，训练和追求创新素质的培养也是培养大学生独立思考、善于思考、有价值地思考的重要途径。创新之所以是学位论文的必需，根本在于它是从知识到能力转化的重要桥梁，大学生毕业后必然要独立面对生活和生产中的各项挑战，不管愿意不愿意，都得作出选择和应对，并且是有效的选择和应对，否则人生和事业就会陷入困境，而需要处理时刻面临的各种各样棘手的新问题，绝大多数问题没有现成答案，因为每个人在成长环境、个性、生活习惯、职业取向和人际关系处理等方面千差万别，但又要在一个互相行为有各种交集的社会中共处，个性的独立、自决与社会的规则和和谐间存在诸多冲突和张力，如何协调？这是每个人都无法回避的问题，大学教育的目的就是培养能够妥善处理诸如此类甚至更加复杂的关系和冲突问

---

① 梁慧星：《法学学位论文写作方法》，法律出版社 2006 年版，第 13 页。

题，为此需要一套更好的思维方式、世界观和方法论，这样的人越多，人类的文明进程就越快，整体的幸福感就会增加，这可能也是每个家庭愿意让子女接受高等教育的主要原因。古人讲，人不学不成器。应成为怎样的"器"？显然，博古通今，善于借鉴和善于创造的后代，是每个家长和社会乐意看到的，因为，创新的能力是解决未知问题的关键，化解个人、家庭和人类随时面临的恐慌和困难。所以，从根源上讲，大学规定的此项训练和要求可以视之为一种人类更好地自我赓续的制度装置。论文的创新必须在这样的社会环境中获得正当性和存在意义，否则，一个无法在未来人生中变现的大学训练项目就变得画蛇添足了。

题目要多多少少有一点新意。对于一个初入论文写作之门者来说，对试图研究的问题做较全面了解是必需的，但选题遵循"不耕熟地"原则，寻找研究未及的"处女地"相对比较容易出新。但是"太阳底下无新事"，所以，理解"新意"有大小程度之分，观点方法之别。其实，现代社会"日新月异"，每年都有许多新的问题可供研究，也还有些问题现在研究不够，或者老问题有新挑战，在其中我们可以选择能驾驭的问题来研究。

"新"，既可以是新问题、新观点、新材料，也可是新方法、新视角。

1. 新问题

法学是法律发展的产物，法律的发展是社会变化、发展的感应器和反射物。生产力和生产关系的变化会使新的法律问题进入人们思考的范围中。中国自 20 世纪 80 年代以来的改革开放，冲破了之前许许多多的具体制度、机制和思想观念框架，政治、经济、社会和文化领域日新月异，需要研究的法律问题层出不穷。从法治与人治的讨论到民主与人权的热议，从民事法律的复兴到经济法的创立、从父母官到民告官的行政法及行政诉讼法的诞生、从封闭到开放的国际法勃兴、从社会管理到社会治理等，带来了近 40 年的法学专业热和法学研究热。现在，国家面临治理能力和治理体系的现代化，社会面临大数据、互联网和人工智能等信息社会带来的全方位影响，新的通信和联络方式带来生活方式的革命，虚拟世界和线上经济带来的权利实现和权利侵害的互生，城市化、全球化和人员流动自由化带来的万物畅流、各取所需与命运与共、生死相依同时出场，当人与货物、信息等自由出入国境的同时，公共卫生危机同样会"忽如一夜春风来"，疫情的世界性难题及其对各国的全面影响呼唤新的法律应对机制。新问题不断出现，只是我们常常缺乏一双慧眼。就像罗丹所说的，"世界上并不缺少美，而是缺少发现美的眼睛"。

新问题有大有小，有远有近，有事不关己的，更有息息相关的。大到宇宙空间的法律规制和人类命运共同体的法治框架，也有千百年来人类追求的诸如平等、自由、公平、正义等亘古不变的法律价值的研讨，法治国家、民主、人权的理想设计，更多更容易感知和捕捉的议题和主题是与我们的生存和生活密切相关的法律规则及权力和权利的"毛细血管"。当我们看到或遇到个人的生活和命运与国家权力、社会组织、他人权利和科学技术产生交集并产生新的利益冲突时，法律的新问题就产生了。法律规制的许多行为，公民享有和行使的许多权利在不同时代其规制和保障的内涵、面临的挑战和解决的方式肯定不一样。如，同样是国家权力的规制，网络时代的反腐败与之前肯定不一样；公民的财产权、人身权和信息权在网络时代保护的范围和救济途径也要求采取新的方式，如虚拟财产的法律保护就是新的问题，同样，在网络时代公民的隐私权、个人信息权、数据权等都是与公民日常生活密切相关的，也是法学研究的新课题选项。所以，要寻找新问题，就要充分认识和探究新生活、新环境、新技术，以及正在改变和即将改变我们曾经拥有的、当下拥有的和未来会被剥夺和赋予的权利、权力及义务。还有，有些发源于西方的法律原则和制度、有些部门法的原则或规范在移植和适用过程中也会产生新的问题。比如，正当法律程序问题，从司法领域到行政法和立法领域，从国外的制度和实践到我国借鉴后的理论和实践的研究；私法（民法）的知情权到公法的知情权研究；民法的诚信原则到行政法的信赖利益保障原则研究，司法的自由裁量与裁量基准到行政法的自由裁量与裁量基准的法律规制，这种迁移、借鉴式的创新选题，反映了法学部门法之间的原理互通性和规则的法理融贯性，也是发现问题和提炼选题的可行路径。所以，多观察周围发生的具体生活场景，多关注世界，多关注国家和社会的变化，多参与社会生活和生产实践，"世事洞明皆学问，人情练达即文章""纸上得来终觉浅，绝知此事要躬行"，这些用诗歌形式表达的人生经验和世事感悟，既是生活指导，也是研究和撰写论文的至理名言，在做好论文选题创新方面也有指导至少是启示意义。

2. 新观点

法学研究是一种在规范和事实（史实）基础上进行分析推理的科学研究，但由于事实的复杂性和多面性，不仅会形成多样性的规则，并且同样的规则和实践，在不同的时空等条件制约下，会呈现出不同的结果和社会影响，如何衡量一种法理念、法原则、法制度和法规范的利弊及改进措施，可谓是"仁者见仁，智者见智"。同样的事实，解读者视角不同、分析方法不同、选择评价标准不同，可能就会得出不同结论。如果说哲学家休谟提出的无法从"是"推导出"应当"的哲学命题具有普遍意义的话，那么法学研究的许多争议和创新观点都是源于这种从"是"中如何推导出"应当"的思维博弈。比如，法家思想、儒家思想对中国法治的贡献，不同学者有不同观点，而他们的思想本身是不变的，改变的是人们对这种思想的解读。同样，近代西方自然法学派的思想是一个客观存在，但不同时期的学者对它的爱憎和评价可能截然相反，资产阶级革命时期高举自然法大旗，反对封建专制，争取资产阶级的人权，产生了霍布斯、洛克、孟德斯鸠乃至深受自然法思想武装的美国开国者等一大批思想家和政治家，并且将自然法理念写入政治宣言和宪法，但在资产阶级统治地位确立和巩固了之后，强调资本主义社会秩序和安全，强调实在法的安定性和权威性以维护资产阶级的统治，此时自然法被批判和冷落的厄运就不可避免，它被一些分析实证主义法学家批判得一无是处、体无完肤，姑且不论其实践影响，单纯从学术上看，这是一种新观点，从赞成、推崇自然法到反对、贬损自然法，观点各异，创新频出。同样，毛泽东对商鞅变法的高度评价，与许多学者的视角也不一样。有的学者紧跟司马迁的观点，认为商鞅之法严酷，刻薄少恩，言下之意，商鞅之法是恶法，是导致秦朝灭亡的重要原因；但毛泽东却从社会变革和进步的历史宏阔视野出发，认为为人民谋幸福的法律是良法，"法令者，代谋幸福之具也。法令而善，其幸福吾民也必多，吾民方恐其不布此法令，或布而恐其不生效力，必竭全力以保障之，维持之，务使达到完善之目的而止。政府国民互相倚系，安有不信之理？法令而不善，则不惟无幸福之可言，且有危害之足惧，吾民又必竭全力以阻止此法令。"①以此判断，"商鞅之法，良法也"。这个结论是毛泽东结合当时中国的实际情况演进推论得出的，理由是，"今试一披吾国四千余年之记载，而求其利国福民伟大之政治家，商鞅不首屈一指乎？鞅当孝公之世，中原鼎沸，战事正殷，举国疲劳，不堪言状。于是而欲战胜诸国，统一中原，不綦难哉？于是而变法之令出，其法惩奸宄以保人民之权利，务耕织以增进国民之富力，尚军功以树国威，孥贫怠以绝消耗。"②与一般学者看法不同的还有，毛泽东对秦始皇确定的典章制度作了相当程度的肯定，表达了与其他学者的不同看法。在《读〈封建论〉呈郭老》一诗中说"百代都行秦政法，'十批'不是好文章"，③对历史事实和实践提出自己独到见解的例子还很多。作为新中国的缔造者之一、革命导师、政治家、理论家和军事家的毛泽东，在分析问题和提出个人观点方面的宽广视角、独立思考和论证方法，值得我们好好学习和借鉴。

3. 新材料和新方法

新观点的提出，往往需要新材料或者新方法的支持，甚至新观点本身就是新材料或者新方法催生的。发现新材料需要结合不同论题和研究领域，途径是多种多样的。传统的研究方法是通过对遗漏法律文献的收集和分析，如对国外的相关法律法规或司法判例以及散落在其他学科的法律相关资料进行收集和分析等。近年来，立法试验或现行立法、田野调查、统计资料分析和心理学试验等新领域、新方法和新发现拓宽了法学研究新材料的来源渠道。新材料可以来源于社会实践，特别是自我国改革开放以来，一些地方先行先试和实验性立法，这些法律实践的材料往往有利于总结出中国法治发展中面临的新挑战和新特点，从而产生新观点。随着互联网技术的发展，国家、社会和公民生活体现出更加多样化的实践和发展，随着中国不断加大的对外开放，国家间的联系和合作越来越紧密，人类命运共同体催生了更多新的法律问题，许多资料可以并

---

① 《毛泽东早期文稿 1912.6—1920.11》，湖南人民出版社 1990 年版，第 1 页。

② 《毛泽东早期文稿 1912.6—1920.11》，湖南人民出版社 1990 年版，第 1~2 页。

③ 胡忆肖等编著：《毛泽东诗词白话全译》，武汉出版社 1994 年版，第 186 页。

且有必要在世界范围内收集，国内外浩如烟海的材料收集和选取需要学生具备较强的外语能力和计算机使用技能。

4. 与个人能力匹配

一个好的选题固然为论文写作指明了方向，但能否沿着这个方向到达理想的终点还要考虑许多因素，其中最关键的是作者是否有能力完成。好题目也不是人人都能写的。甲的好题目，乙却不一定做得了或者适合去做。所以，有了选题的意向，还要考虑自己的知识结构、平时积累和写作能力是否足以驾驭，能不能获得相关资料，是否有足够时间，另外，它是不是符合自己的学术规划或者职业规划。① 这些因素尽管不是直接决定选题优劣的关键因素，却对论文能否如期完成干系甚大，需要在选题时一并考虑。"选择论题，首先要考虑到自己的能力范围，与关涉此一问题的材料情况。""每个人的能力，各有长短，也各有所偏，选择论题，自然要先度量自己的长处何在，千万不能盲目地看到好题目就做，也不管自己在这方面的能力是否可以胜任！"②那些宏大、抽象的主题不适合初学者或一般本科学生来写。写作刚开始或在知识储备不深厚时最好做一点具体的研究，不要忙于标新立异，创立根据和论证不足或明显荒谬、偏激的所谓新理论或抓眼球的惊骇之论。当然，论文写作也不是要万事俱备才动笔，可以在基本知识和材料具备了之后就开始，"研究一个问题，并不能说自己具备一切相关知识才去动手；也可能在研究过程中发现缺乏某些辅助知识，那就不免要临时抱佛脚，自我去补习，尤其是其他学科的理论与技术"③。但论文写作所需要的最相关、最基础的知识，应当是事先就储备好的。基础知识如果缺太多，临时想补也来不及。"选择一个论题，先当留意关于这一论题的材料是否充分到足以圆满地解决问题，得到成果。不但如此，而且也要预先想到，自己是否有力量控制这些材料。"④从某种意义上讲，选题创新度与资料难易度存在此消彼长的反向关联，即选题创新度越低，资料越多，因为别人或

---

① 何海波：《法学论文写作》，北京大学出版社 2014 年版，第 37 页。
② 严耕望：《治史三书》，上海人民出版社 2016 年版，第 58 页。
③ 严耕望：《治史三书》，上海人民出版社 2016 年版，第 59 页。
④ 严耕望：《治史三书》，上海人民出版社 2016 年版，第 59 页。

前人做过较多研究；而创新度高的选题，别人研究少，资料收集难度大或资料稀少，找起来费劲甚至无法收集到。如果一个普通的本科生要写法官裁判的心理过程及其对司法公正的影响，显然是不可能完成的，因为凭其身份和学识，法官可能不会接受其访谈或者沟通，这样的题目有创新，但资料几乎无法获取。所以，在论文写作时一定要避免陷入巧妇难为无米之炊的困局。选题与资料是互为牵制和互相检验的，有些学生阅读了几个外国法规或司法判决，就想拟定比较研究的题目，实际上也容易存在资料短板，如果不具备充分的外国法资料，简单的比较就很难产生令人信服的结论，只会空耗精力。所以，在资料和题目选择上，应遵循量力而行、量体裁衣的原则。这就又回到了问题意识上了，只有集中于一个问题，资料才会相对集中，观点整理相对容易。若问题太多，找资料和整理观点会耗费大量时间，且收效不佳，而学生的学习期限和毕业就业具有很强的时效性，如果一直"只在此山中，云深不知处"的无章法权衡糅合众多观点和材料，论文就可能被写得逻辑一团乱麻，思维一筹莫展，观点一无是处，如果毕业论文无法过关，毕业可能一拖再拖，后果严重。因此，在写作前期对个人的写作能力不得不慎重评估。

5. 题目设计

标题作为一篇文章最开头也是最显眼的一部分，决定了读者的"第一印象"。标题也是文章的"泉眼"，具有十分重要的作用。好的文章从标题就可以传递出文章的很多核心信息。因此，文章的标题，通常也被称为文章的"题眼"，是文章的精要内容的提炼、概括与浓缩。对作者而言，标题选好了，文章的主旨、立意和中心问题就定下来了，围绕主题的范围和内容就会依次展开，纲举目张；对于读者和编辑而言，会让读者和编辑有阅读的欲望，相反，如果文章标题不吸引人，读者和编辑可能会一眼瞟过，不会进一步审读你的文章。当然，学位论文不必太在意于标题是否吸引眼球，但能引起读者的阅读和进一步追问的兴趣还是值得追求的境界。不同文体，好标题的标准不完全相同，但首先都要考虑文章的整体内容，还要明确观点、立场和中心思想，防止文不对题。好的论文标题，不仅能界定范围，还要尽量把思想和立场反映到标题上。即一个好的标题应该既能界定范围也能反映论文的创意，通过标题，不仅能反映文章的研究领域，也能体现文章的创新点。

学位论文的标题尽管无一定之规，但对其基本结构还是可以总结出一些必要、共性的特征，作为拟定题目时的参考。梁慧星教授认为，学位论文题目设计有三项规则：（1）题目必须是动宾结构的短语，不能是句子；（2）题目只确定研究对象，不表达作者观点；（3）题目应力求明确、简短，忌冗长。[①] 在他看来，标题基本结构有两种形式：

第一种结构形式："关于"+"宾语"+"的"+"研究"。

如：关于限制行为能力人侵权责任的研究。

第二种结构形式："论"+"宾语"。

需要特别注意的是，"宾语"必须是"名词"或"名词性短语"。

以上是相对标准的标题格式，实际上还有在此基础上的变化形式。

许多学位论文不在标题中出现"关于"，只有纯粹的动宾结构语句，如，"沉默权制度研究"；有的也不需要"论"字开头，如："乡村基层执法的空间制约与机制再造"，或者把"论"字放在标题末尾，如："知情权论"。

有的论文为了强调几个核心概念和分论点及其逻辑关系，名词性短语较长（一般不超过三个概念连用），如："资源配置、法律规制与行政审批制度改革"。

有的论文采取视角切入法来限定研究范围，使用句式也不一样，如："《监察法》实施过程中监察建议的制度建构""宪法程序法：国家权力配置的视角""环境保护作为'国家目标'——《联邦德国基本法》第 20a 条的学理及其启示"。采取特定视角或副(标)题的形式，是为了明确范围、调整视角或突出重点，是对含义相对宽泛的论文题目(正题)的限缩，防止论述的不集中或篇幅过大。还有一种是论文题目(正题)之后加副题"兼论×××"，兼论是在本论之外附加论述具有很大相关性且是想回答读者可能会追问的内容。其目的不是扩大研究范围，它在论文中也只占很少的篇幅，一般是一节或一章的内容，即使删去也不会影响论文结构的完整性，如，论文题目："违约责任论——兼论

---

① 梁慧星：《法学学位论文写作方法》，法律出版社 2006 年版，第 29 页。

违约救济措施"。需要注意的是，副标题必须比论文题目(正题)范围小，否则会喧宾夺主，使论文的论述偏离正题中心论点。如，"人权的司法保障——兼论人权保障的制度演进及比较研究"，在这个题目中，兼论部分的人权保障的制度包含了人权的司法保障制度内容，并且要论述的范围远远大于正题的研究范围。所以，本科生和硕士生的学位论文最好不用或少用，博士生的学位论文也要慎用。

最后，需要引起高度注意的是，法学学位论文是以法学的思维和论证方法，从法学和法律的层面对国家、社会和公民的问题进行研究，不仅在内容上需要"用法的眼光和视角"分析，而且从论文标题一眼就可以识别是法学论文，而不是政治学、社会学、管理学、经济学或心理学的论文，尽管可能使用到这些学科的研究方法，或者与这些学科有交叉。如果有交叉，题目中必带"法"或与法有紧密联系的字词，如权利与义务、人权、平等、自由、公正。例如，波斯纳从经济学的视角分析法律，书名叫《法律的经济分析》，还有布坎南的《宪政的经济学阐释》、哈贝马斯的《在事实与规范之间》等。当然，有些是政治学、哲学与法学互通的概念和范畴，有些是可以同时作为法理学、法哲学或哲学、政治学的论文或著作，如罗尔斯的《正义论》、密尔的《论自由》，但即使这样，也是有所侧重。作为法学学位论文的题目最好能通过带"法"的字眼或明显是法学学科研究的概念或术语进行定性，确保作者和读者都能迅速识别和认同论文的"法律属性"。在指导和审阅法学学位论文过程中，笔者经常发现有些同学将某某现象的防范、治理、保障等作为标题，从题目看不出是法学论文，感觉从社会科学的任何一个学科或所有学科入手都可以。如，有同学写"农村留守儿童受教育权的保障"，如果不用"法律保障"来限定视角，极有可能法律之外的保障手段也会被大量论述，导致成为不专业的法学论文；还有些同学将某种不良现象的防控作为论文题目，本意是想从法律上谈问题和对策，但由于标题中没有"法律对策"，如"基层社会治理存在的问题及对策研究"，可"对策"可从很多学科的维度来分析，显然也不宜作为法学学位论文的题目。其实，有一些法律词汇本身就是法学研究范围的标识，如"立法""执法""司法""守法""准据法"等。如果不首先通过题目的语词限定法学的视角和方法，那么，在收集材料和写作过程中就可能忘乎所以，信马由缰，很可能在对策部分将思政教育、心理疏导、技术手段、党员作用的发挥等其他学科研究方法或对策都写进论文，弄得不伦不类。

（四）反思与调整

在论文写作过程中和写作完成后对题目进行有意无意地反思和自我质疑也是十分必要的。有时候，在确定选题、初步搜集资料和初期写作时，对选定的题目及写作进度都比较满意，但随着写作的深入，会发现选题还可以修改或调整，甚至写作完成后再回头对题目进行斟酌与调整，都会有新的感悟和深入的思考。但是，在完成论文写作过程中及之后对文题进行斟酌可以帮助作者进一步梳理自己的研究思路，调整文章段落结构，进一步突出某个论点，甚至转换提升到更新颖的论题上，这些修改补充有时甚至是推倒重来的，但对于训练更严谨的思维与更好的选题和论证都是大有裨益的。为文之法，"意在笔先"。相当多的作者根据自己的立意一开始就拟好了文题，但是在写作过程中会拓展内容，或是内容集中于某方面而深入分析，或是写作的角度有所调整，这样使得文题太小或太大，出现文题顾此失彼、言不达意。显然，点睛之笔的整体审视会促使作者对文章进行深入的考量，或是调整文题，或是补充修改文章内容，亦或增强论证薄弱环节，最终使文章从文题到内容得以整体升华、层次明晰、逻辑严谨、行文规范流畅，达到令人满意的效果。

"千淘万漉虽辛苦，吹尽狂沙始到金。"一个好的文题就如沙漠中跋涉者渴望的甘露、一泓清泉，极易激发读者和编辑的兴趣、好感和进一步阅读的欲望。因此，作者重视论文题目的推敲，拟出准确、简洁、新颖，甚至能带几分文采的法学学位论文标题，不但使自己有了"众里寻他千百度""山重水复疑无路"的苦苦思索之后"柳暗花明又一村"的获得和欣慰，而且通过一点一滴的思考和苦心孤诣的萃取之经历，完成人生学业征途上的重要蜕变，由一个知识的搬运者向创造者的转变。

（五）选题涉及概念的明晰

学位论文选题从思维要求和论证特征上讲，可分为思辨写作与实证写作。一般而言自然科学和调研报告类的论文注重实证分析的研究思路和结论证成，二者都是探索世界的重要思维方法和回应现实问题的路径，缺一不可，但在涉及具体的研究问题上，侧重点不一样，有必要做适当的区分。比较地看，实证写作信奉研究对象是外在于人的客观事实，思辨写作坚守研究对象是人参与其中的文化事件；实证写作推崇实验、证明的研究方法，思辨写作则更多运用理解、体验的研究方法；实证写作旨在探求可重复检验的事物或现象之间的因果关系，思辨写作的主旨在于确定事物或现象应当满足的标准或规范。① 法学研究生的学位论文写作更多侧重于思辨性，即使是实证性的论文，也应该有思辨性的视角。无论是立法、执法还是司法及法学其他方面研究，都必须围绕事实判断—价值判断—规范判断的"实践三段论"来证成规范命题，做出合法性、合理性或应然性判断。法学和法律涉及的问题范围广阔无垠，因此，研究只能截取某一点或一个面，在有限的范围内展开分析论证。因此，选题之后需要对选题涉及的概念有清晰的厘定。当然，在确定选题的过程中也会贯彻相关概念的甄别和遴选。只是确定选题后，更加需要精思熟虑，系统梳理。只有澄清了论文题目中的核心概念，才能夯实论文写作的根基。

澄清核心概念需要着重注意三个方面：一是要澄清概念的价值，即阐述为什么提出这样一个概念，提出这样一个概念蕴含着怎样的价值诉求。因为人的任何言说皆由"心动"所驱动，对法学研究而言，是对某种法律制度或具体体系、规范"心有所思，思而不解"所萌发的一种疑问，提出来并加以分析、论证从而解决之。概念的清晰即是对问题域的范围和边界的清楚界定，是克服"下笔千言，但不知所云；挥洒自如，却言之无物"这一论文写作难题的第一道防线。二是要澄清概念的内涵，即用清晰、明白的语言概括、抽析出言说对象的本质及其特征。通常采用两种方式：一为分解式分析，是将一个概念的构

---

① 李润洲：《研究生思辨写作的内在逻辑》，载《学位与研究生教育》2020 年第 7 期。

成要素爬梳出来，然后再按一定方式加以整理、排列、聚合，以种差加属的规则定义概念，如对宪法概念的分析。二为关联式分析，即把概念放置于一个有密切关联的概念网络中，考察论文选题概念与其他(邻近)概念之间的关系，通过辨析彼此异同来凸显论文选题的独特性和创新性。如对宪法监督概念的界定，可以将违宪审查、司法审查、宪法诉讼、违宪责任、合宪性审查、法律监督等概念与宪法监督间的关系做比较后，阐明宪法监督是什么。三要澄清概念的外延，即在准确把握概念内涵的基础上阐述概念所包含的思维对象的类型或范围。所以，澄清概念的价值，是告诉读者为什么要研究这个问题，从而凸显法学论文"意有所指""经世致用"的价值取向，澄清概念的内涵是让读者知道文章是在哪个点上或层面和语境中提出和论证看法，澄清概念的外延是要告诉读者文章将要关注的问题所必须覆盖的领域、方面和层次，实际上是回答"为什么""是什么""怎么样"三个基本也是最核心的问题。由于许多概念具有多义性，如果作者不事先交代清楚，读者就会沿着自己对概念的理解和应然思路去理解和判断他人论文，这样，论文的沟通就会出现错位。所以一切文章的破题首先需要明晰相关核心概念或概念之间的关系。如果概念是模糊的，则论文必定是失败的。行文伊始对论文主要概念的清晰界定，不仅有利于其后的行文有明确的范围，而且也是表达作者对读者的一种尊重，是"为文有德"的体现。

在法学论文写作中，概念的阐释容易出现常见的三个问题。一是核心概念的价值模糊，即未能告诉人们为什么提出这样一个概念，遮蔽了核心概念蕴涵的价值诉求。有些概念的提出是建立在比较、否定或改造其他概念的基础上，此时，没有对其他概念做评析和对比就单刀直入地阐释自己提出的概念的价值，导致价值立论唐突、定位不准、针对性不强、大而化之、似是而非，减损或消弭了论题的论证价值。二是核心概念的内涵朦胧，即在核心概念界定尚不清楚的情况下，就随意地发表看法与议论，导致论述看似有理，实则逻辑混乱或不严密，经不起推敲。三是核心概念的外延错位，即核心概念的外延与下文阐述的内容发生了错位，导致下一级标题或分论点与上一级标题指涉范围不吻合，或者严重遗漏重要组成部分或者严重溢出上级标题或属概念的范围。写作中，有意无意偷换了核心概念的外延，也会导致核心概念的外延发生错位。除此之外，论文写作还需注意以下几点：其一是在有些情况下，需要廓清某概念提出的认知、情感或时代背景，阐述该概念是在什么背景下提出的。古人云，笔墨当随时代。文章立意多是回应时代之问，解时代之困。其二是多维度呈现某概念的内涵。从不同的维度看，一个概念常蕴含着多重或相异的内涵，而表达的严密性与准确性就建立在对核心概念多重内涵的把握与认识上。其三是阐释核心概念要有作者个性色彩。一般而言，凡是有意义、有价值的主题，我们写作之前，皆有学人思考与研究过，后来者所能做之事，就是接着别人已说过的主题重新说；但重新说绝不能蜕化为重复说与庸俗说，而是通过个性化的核心概念阐释重新说。① 就以法学中的"正义""法治"等概念的阐释来讲，几千年来历代都有学者阐释其含义，可以说中外有影响的正义概念不下数十种，而法治从几千年前古希腊的亚里士多德的最早阐释直到现在，都一直在不同内涵界定和外延规定的拓展中发展和创新。

（六）提炼论题

确定选题后，就要提炼论题。论文选题一般只确定论域，论文的核心和独创性在于确立"论题"。当前，学位论文普遍存在的不足正在于此。因此，论文常常就被写成了精简版的教科书或说明文。而按照教科书式体例撰写的法学论文，其最大的弊病在于"有论域而无论题"，亦即只是选定了一个研究领域、对象或范围进行面面俱到的介绍和叙述，却没有从中提炼出一个中心论题贯穿全文始终并加以论证。这在很多题为"××制度研究"或"论××制度"的学位论文当中不胜枚举。之所以一直存在这种现象，很大程度上是与对问题意识的重视不够和认识误区有关，特别是没有充分意识到问题（question）、论题（problem）和命题（issue）之间的区别。对于如何提炼问题意识这一问题的思考，尤陈俊教授认为可以从"书本知识 VS. 社会实践""历史视野 VS. 现实关怀"

---

① 李润洲：《研究生思辨写作的内在逻辑》，载《学位与研究生教育》2020 年第 7 期。

"中国意识 VS. 国际视野"这三组概念展开中领悟。①

难以引起阅读兴趣和质量一般的法学论文，不仅因为主要结构和表述基本相同的论文题目，也不仅因几乎千篇一律而欠缺文字表述方面的个性，而且更重要的是，其正文内容很多都缺乏一个贯穿始终的中心论题（更加不用说论题在学术上的创新性），而只是将与某种法律制度或法律现象有关的方方面面知识点都加以介绍、梳理和叙述，亦即"大多是按照题目对相关方面所做的'知识性'的描述，而根本不是以某个理论问题而勾连起来的思考"。按照教科书式体例写就的论文，其最大的弊病在于"有论域而无论题"，亦即只是选定了一个研究领域、对象或范围，却没有从中提炼出一个贯穿全文始终的论题并围绕其加以论述。通常的思维进路和论文结构就是，相关概念或概述、理论依据或理论基础、分类与本质、价值与意义、现状（成绩、事实）与不足、运作机制及适用中的法律障碍等方面，如数家珍般一一道来，是一个单向度的、作者自认为无争议的知识点的排列和向外输出的过程，读者是否同意、这些知识或观点有没有可质疑之处、曾经或现在谁在质疑等都不在作者法眼之内，全然不顾，自说自话，悄悄将论文"辩论"属性改为说明文的"交代、解说或细说"，从而失去了论文的基本识别标志和合格的基本要求。从这个意义上讲，没有论题的论文就不应该被称为论文。

因此，论题是论文的生命载体，是论文的灵魂和价值高低的标杆。要确定论题，首先需要弄清楚问题（question）、论题（problem）和命题（issue）的联系与区别。法学论文（尤其是学位论文）写作中教科书式写作体例之所以占比甚高，很大程度上是与长期以来对问题意识的重视不够和认识误区有关。这种认识误区主要表现在如下两方面：其一，误将"选题"等同于"问题意识"；其二，误将教科书以及一些著作所体现的"体系意识"等同于"问题意识"。② 学位论文必须有贯穿整个论文的中心论点，它是作者试图在论文中探讨或论证的一个基

---

① 尤陈俊：《作为问题的"问题意识"——从法学论文写作中的命题缺失现象切入》，载《探索与争鸣》2017 年第 5 期。

② 尤陈俊：《作为问题的"问题意识"——从法学论文写作中的命题缺失现象切入》，载《探索与争鸣》2017 年第 5 期。

本问题(general issue)或基本观点(general position),且一篇论文的中心命题只能是一个,并且"论文的命题即是研究的出发点,也是研究的终结点"。要理解"命题",就有必要区分英文中 question、problem 和 issue 这三个英语单词,虽然这三者看起来似乎都可译为"问题",但其实存在着微妙的差别。从写作针对性来看,可将 question 译为"问题",将 problem 译为"话题",而将 issue 译为"命题"或者"论题"。在美国的学术界中,这种须从拟解答的问题中提炼出一以贯之的中心论题(issue)并围绕其展开论证的要求,并非仅适用于学位论文(dissertation)的撰写,而几乎是所有学术刊物对论文(article)所设定的固定格式。

当下,很多教师在指导学生撰写论文时,通常是将主要的精力放在"选题"和"结构"方面。对选题的指导,更多停留在问题(question)或话题(problem)的层面,基本上都是从应当如何确定论文题目的大小(通常都青睐"小题大做")、论文题目中所应有的主要知识点在写作提纲(结构)中有无大的遗漏等方面着眼,这些固然十分重要,但由于缺乏就论文命题(issue)的提炼对学生加以训练,学生的学位论文依然难逃教科书式写作的"体系意识",难以建构起论文写作核心的"问题意识"。对法学论文写作的意义而言,最关键的在于如何发现、提炼和论证一个有学术创新性的命题,而并非只是划定了一片大致的研究范围进行缺乏中心命题的体系化叙述。真正的问题意识,乃是建立在对问题、话题和命题之联系和区别有明确意识的基础之上。所谓"问题意识",是指"作者必须发现现实中存在的问题(question),从中提炼出一个学术上的话题(problem),然后给出自己的命题(thesis)并加以论证"①。

问题意识具体可以从以下三个方面(但不限于此)加以提炼:

一是书本知识,或专门知识与社会实践的碰撞。问题意识既可以来自对书本当中的某一知识谱系或具体知识点的梳理、总结和反思,也可以是社会实践中遇到的一些现实困惑所带来的专业领域智识的触动。对某一知识谱系重加审视而生发出来的问题意识,在法学研究中多见于一些重思辨或偏考证的领域,

---

① 何海波:《法学论文写作》,北京大学出版社 2014 年版,第 20~21 页。

例如法哲学、法制史、法律思想史以及法学学术史等领域的研究。具体知识点的考察诸如具体概念、制度和规则的变迁等，而来自社会实践中（亲身体验或调研所得）一些现象所带来的触动与刺激，并最终上升到论题的高度，则需要借助于相关学术理论的映照，不然往往会沦为对社会现象的简单描述和展示（就像一些调查报告那样），而无法从"问题"中提炼出具有学术意义的"命题"。

二是融贯历史视野与现实关怀。从某种意义上讲，人类社会总有些永恒的话题和面对的困境，表现形式可能不同，但问题实质是一样的，历史上又都有或多或少、或成功或失败的经验教训，以史为鉴，可以为解决当下问题提供历史镜鉴或启示的维度。所以，一切历史都是当代史。当然，历史本身也有许多有价值的问题值得学术追问，探寻其中反映出的有价值的法治原理、精神或实践。尽管历史不能假设，但在基于一定视域和议题条件下的反事实假设，却可以为历史上的某一史实的历史价值的观点提供有力论证。若假设没有秦国的商鞅变法，六国的法律制度最终走向及其后法制形态会怎样，再假设秦国的历史和制度持续了几百年，中国古代的法治及其对后来中华法律文化的影响会怎样等，这都是可以研究的话题。当然，法制领域这类反事实的专门研究很少，但作为一种思维和论证方法，还是有其重要价值。由于法律特别是重要的法律原理和制度规范通常具有继承性、移植性等历史延续性的特点，针对现实法律问题的法学研究通常需要在法律历史的演变中寻找某种规律性或不变的价值，从而证明今天的法律规范或对策的历史正当性、发展合理性、文化延续性、民族契合性等。由于法律是指向未来的，在制定规则时不可能有完整的效果作为检验标准，只能借鉴历史经验及当下的部分现实，按照一定的价值取向和原则来规制可预见的危害行为，为尽可能减少未来面临的风险提供行为模式。法律法规的正当性和执行力更多依赖于既有的历史传统、文化和政治权威（如人民主权体现的立法），这一点在普通法系国家表现得更为明显。

三是中国意识与国际视野的交汇。人类历史上一切伟大的法律思想和制度无一不是立足本土法律问题的解决方案和思想成果，因其恰当和经典地反映了一定时期的生产力和生产关系的最佳法律调整范式而被世界其他地区或国家所公认和借鉴从而具有普适意义，也有生活在不同区域的人们对安全、秩序和伦理的最低限度的要求所不约而同形成的规范，如不得故意杀(伤害)人、不可奸淫、不可偷盗等的。历史上，中外法系对周边国家乃至世界的影响的基础是对那个时代封建制度法律关系调整的最系统、最适当的规范体系。今天，中国问题不仅仅是中国问题，人类命运共同体存续和发展的诸多课题，需要中国参与或提供解决方案作为参考和借鉴之一，同时，各国人民之间的交往日趋密切，经济全球化不断向纵深拓展，大国和强国对世界法律发展的影响与日俱增。所以，法律作为最重要的调整国家和社会关系的制度，中国作为人口最多、发展不平衡的发展中国家，无论是治国理政的政治智慧，还是法律制度的创新发展，对世界法律发展和运行都产生着越来越重要的影响。中国需要了解和融入世界，坚持改革开放的基本国策；同样，世界其他国家也在与中国的交流、合作甚至在某些领域中产生冲突，逐步认识、理解、适应或借鉴中国的制度，当然也在这一过程中博弈，因为每个国家都有自身的利益需要优先考虑。对治国重器的法律制度的研究，必须是立足于中国，才能为国家治理能力和治理体系的现代化提供有力的法治保障和具体路径指引，形成中国法治模式，只有成功的法治模式才能为他国借鉴和效仿，只有成功地对本国法律制度进行研究、总结和理论提升，法律和法学研究成果才可能影响世界。

所以，法学专业学生和法学学者的法学研究应当立足于中国问题，为形成中国特色的法治体系、话语体系和实施体系提供理论智慧和方案。但在经济、环境、人口流动等全球化时代，中国问题的解决往往与世界紧密联系，这是新时代普遍联系的治理观在法律领域的必然反映。他山之石，可以攻玉，身处全球化时代的中国，无法罔顾域外法律制度的影响而独善其身；同时，人类不同民族和国家的文明只有在交流互鉴中才能兼顾国家治理和全球治理。作为法学研究，既有中国问题的论题主旨，但解决方案也需要参阅世界其他国家的有益经验或教训，这样才能既博采众长，又避免重蹈覆辙。立足于中国问题，结合我国国情，辩证分析域外取得较好治理效果的具体法律制度"择其善者而从之，其不善者而改之"，这样的法学研究，其出发点才正确、论证才全面、结论才公允、创新才凸显、效果才正面。

当然，一篇论文仅从标题或作者交代的论文缘起声称是中国问题，不等于就具有了中国问题意识。需要甄别的是，有些看似研究中国问题的法学论文，所体现的其实是一种虚假或伪装的"中国问题意识"，用外国的药方不能对症治疗中国的"法律问题"，即把外国的法学理论和制度视同于公理、定理、定律，当做论证的大前提，而将中国问题当做其下的"例题"或小前提加以验证和分析，得出所谓张冠李戴的结论的写作思维。这种忽视中国问题的特殊性，把中国的问题与外国的问题同质化或同等化的研究，是缺乏具体问题具体分析，通过简单粗暴的分析和"拿来主义"方式解决域外法学理论、经验与中国特定法律问题强拉硬拽的写作和分析方法上的一种幼稚病。其根源可能是思维方式方面对外国法学理论所形成的路径依赖、欠缺批判性思维训练和漠视中国法律实践及实际情形的必然反映，是漠视立法、执法和司法等实践特殊性和复杂性的法学问题分析的教条性、机械性和自卑性的表现，是脱离实际和实践的异想天开的空想法学研究，是一种不务实、只务虚，不想、不能调查中国法律实际的做法。古人云，"问渠那得清如许，为有源头活水来"，"纸上得来终觉浅，绝知此事要躬行"，法学研究的源头活水是中国改革开放带来的社会巨大变化而催生的新问题新领域，需要我们深入国家、社会和公民生活生产中，调查研究，发现问题，通过运用法学理论和群众路线相结合方式，汇聚民智，创新理论，适当参照域外经验做法，提出协调性和可行性的法律对策建议。任何一套外国的法学理论（哪怕是其关于中国法的研究理论），均有其特定的生成背景，皆是基于特定的问题意识而被创造出来的，因此并非放之四海而皆准。

进一步来说，西方法学理论对我们的影响，并不仅仅只是提供了某种分析框架和解读视角，更重要的是，它们往往还会在实际上宰制我们提问的方式和角度，亦即具有一种使得不同文化背景之下的议题设置同构化的潜在效应，进而可能使得我们对某些问题的思考实际上成为西方法学问题意识之下的衍生物和附属品。[①] 所以，正确的国际视野应当建立在中国学术的主体性意识之上。中国现实的法律实践和法学研究中很多值得关注的问题、话题和命题，有时在

① 尤陈俊：《作为问题的"问题意识"——从法学论文写作中的命题缺失现象切入》，载《探索与争鸣》2017 年第 5 期。

一些相关的西方理论的比照下，可能会变得更为明晰，借鉴西方一些成熟的学术理论与思维分析中国的法律实践，也会有助于将现实法律问题或现象提升为有理论价值的命题，这既能有助于理论上的回应和解决方案的证成，也可以促进与西方的学术理论平等地对话。

第三节　文　献　资　料

一、文献资料的范围与功能

社会科学研究，包括法学研究，在资料收集和使用方面有一个发展演进和丰富的过程，早期主要是进行文本研究，随着统计学、社会调查等新的研究方法的兴起，使用调查、统计方法获得的数据和资料也成为法学研究的重要资料来源。文本研究的资料包括：（1）法律思想、学说、著作和论文，或者与法律有关的文学、宗教、政治、经济、社会、考古和文化著作（图书）等个人或集体研究成果或史实汇编；（2）法律文本，涵盖古今中外的各种立法文件，包括法律法规条文、立法理由书、各种法律草案及其修改记录；（3）执法文件、记录或司法文本，包括行政执法内部文件、执法记录的存档文本，最高人民法院、最高人民检察院发布的解释性文件，最高人民法院公报刊登的判例，最高人民检察院发布的典型案例，各级法院的判决书。调查研究得来的资料包括对民间习惯法的调查、现行法律实施状况的调查、公民权利（人权）意识的调查、法律外其他规则适用于纠纷解决的调查、各种与法律制定、适用和效果有关的调查数据及文本，以及学术研究论文、学位论文和法学学术随笔等不同论说形式对这些资料进行的专门研究。

资料是法学研究的前提，没有资料必然使论文写作成为无水之源，资料不足尤其是必要的代表性资料的不足直接影响论文写作的深入和全面，容易使论文陷于片面和肤浅。资料不足有可能导致整体上得出的结论失真，会误导读者甚至大众，产生不良的学术和社会影响，更有甚者会导致社会恐慌或动荡，尤其是对政治问题、经济问题、社会治安问题和军事问题等的研究成果直接关乎国家政策的制定、走向和社会安定。公众熟知的医疗、养生、保健领域，各种相互对立的观点异彩纷呈，大部分却难以令人信服，不少观点甚至导致严重后果，如宣称仅仅喝绿豆汤就可以包治百病，仅仅在几个病人身上使用或按药理推测可能对某个疾病有点效果就发布夸大疗效的不失医疗信息，导致公众哄抢药品。特别是疫情期间，面对新病毒带来的医疗机构、政府和大众的无力、无知和恐惧感，不经严格试验和正当程序而发布的医疗信息特别是疗效药品信息，误导后果极其严重，如2020年的新冠肺炎疫情期间未经严格试用而发布的双黄连口服液能治疗该病的信息导致该药品在网上平台销售瞬间秒光，但事后证明不能达到此等效果，导致浪费资财、贻误病情和医疗研究机构声誉受损等一系列不良后果。社会科学和自然科学研究往大里说是为国家和社会治理提供最权威的论证和结论，随着国家各级机关越来越重视专家智库的作用，并且将"专家论证"纳入政府重大决策的必经程序，更加凸显出法学学术研究资料的重要性。"毒树之果"的隐喻不仅适合非法证据的排除领域，同样适合学术研究的资料与观点的认定，虚假和不全面的资料必然得出虚假或难以令人信服的结论。中国共产党一贯倡导和坚持的实事求是的精神和调查研究的作风，既是党和国家的工作和政治原则，也是研究一切社会现象和科学问题的原则，对于资料收集和重视求真具有重要意义。毛泽东同志多次强调指出，"没有调查就没有发言权"，强调的是只有掌握了真实的第一手资料，才能合理地表达观点，否则，凭主观想象得出的结论，既违背现实又导致决策错误。

诚然，一般的学位论文的资料瑕疵未必能有此后果，但今日之论文态度决定了明日决策之思路，"墨菲定律"告诉我们如果事情有变坏的可能，不管这种可能性有多小，它总会发生。对资料的不严谨和敷衍的态度必将在今后的工作中产生不良后果。当然，学术研究的资料充足和真实也不是一个高得无法企及的标准，而是一个一般人只要努力和注意就可达到的基本要求：一是要有满足与学习阶段和论文主题篇幅相适应的充足、翔实和新的资料；二是注明引用的资料的出处；三是论文最后需要有参考的论文、著作等参考文献目录。常见的论文写作在资料方面存在的问题主要有资料的缺乏、不完整、断章取义、陈旧、引注缺失或不规范。

研究资料如同建造房屋的材料和地基，材料的好坏决定建筑物的质量，论文的内在机理要求对现有的观点的辩驳、修正和完善，必须建立在对已有的研究现状有充分了解的基础上，不能无的放矢，凭空设靶，必须有明确的针对性。因此，只有对所研究的议题研究透彻，方能有所创新；只有掌握数量充足的资料，才能够最大限度避免研究结果的片面性，当然，仅仅有一定数量还不够，还应该注意质量，也即是说研究资料的数量和质量都必须达到一定要求，"翔实"的资料要求实质资料必须真实和直接（第一手资料），如果只考虑数量，而不辨真假，不考证其真实性，得出的结论也是不真实的。所以，"翔实"是资料质量的重要内涵，由于论文的精髓是创新，而创新的基础之一是资料要新。当然，有些资料是陈旧的，但由于前人的推理逻辑有可商榷之处，从而得出可商榷的结论，此类研究也可以不必一味追求新材料，但这些研究多发生在与史实相关的学术领域，可以通过更多相关的旧资料，进行比较甄别，反驳既有观点，得出新的结论。对于法学研究而言，紧跟时代，解决现实中不断出现的新问题，需要新的资料作为分析的基础，才能客观地反映法治的现状，提出切实可行的对策建议，得出具有现实指导意义的结论。

二、文献资料的寻找路径

资料地位如此重要，但现实中"巧妇难为无米之炊"却是寻找资料难的普遍现状。解决资料贫乏的问题，可以从三个途径改善：一是从实践出发，通过寻找典型案例或事例、深入社会调查，获得第一手资料，此类方法为实证对策类论文首选。二是利用论文主题下面的各个层面（二级、三级标题）的连接点，顺藤摸瓜，扩大资料的范围。由于论文中心论点需要几个分论点支撑，分论点又需要几个更下一级分论点支撑，这些论点涉及的问题的相关资料都可以被纳入搜集范围，包括中文和外文资料。通过网络技术，诸如学术期刊网等途径，对这方面的资料获取是比较方便的，但需要注意的是选取的著作版本，如果是时代性、对策性很强的，尽量使用最新版本；如果是已定型的古籍类的论著，需要使用权威出版社或者权威作者的版本，或者涉及的是革命导师和领袖人物的言论，则必须或优先使用中央认定的权威出版社出版的更正、完善后的版本（新版本）。因此，论文需要选取具有代表性、权威性和最新的研究成果。三是从研究方法的视角补充关联性资料，即运用价值分析、经济分析、社会调查、统计学、心理学、人类学、法律与文学、宗教等跨学科研究方法时，可合理借鉴相关的哲学、政治学、经济学、社会学、心理学、人类学、文学、宗教等方面的资料。

由于学术论文主要是在前人或他人研究成果的基础上进一步提出观点或者提出不同的观点，形成自由探讨真理的氛围，正如牛顿所言，其成就是站在巨人的肩膀上取得的。同理，绝大部分论文的成果都是建立在对他人成果的分析、借鉴、启示基础上，因此，要坦率地承认哪些观点是别人已经提出过、论证过，不是自己的观点就不要有意或无意地说成是自己提出的，或者让读者产生错觉以为是你提出的，这就涉及学术规范、良心和诚信问题，尽管有时可能不是有意为之，但也是不符合学术规范和学术道德伦理要求的。因此，注明所引资料的出处是学术研究者的一种基本法律义务和起码的伦理要求。同时，只有引注明晰，也才能让读者知道哪些是作者的创新，是怎么创新的。引注还有利于论文的写作材料的组织和安排，特别是在反驳和层层递进的论述中，只有交代清楚别人的观点，才能够更好地阐明自己的观点及论据的使用和论证的铺排，否则，正反的观点都出自你一人，出尔反尔、岂不荒诞，令人费解？申言之，引用别人的观点时若不注明出处，是一种违法行为，严重的还要被追究法律责任，最终产生不利后果，如取消学位等。因为对别人的成果（尤其是观点）不加引注而视之为是自己的成果，这是一种剽窃行为，是一种法律上的侵权行为，涉及违反《著作权法》。近年来，侵犯著作权的案件时有发生，后果比较严重，取消硕士、博士学位的人不在少数，所涉人员甚至包括学界名流、政府官员。在国外此类情形也时有报道，一些政府高官因早年博士论文的造假不仅被取消了博士学位，而且也因此被迫辞职，贻笑天下，声名俱毁，教训深刻。因此，后来者一定要吸取此类教训，严格要求自己，防微杜渐，恪守论文写作规矩，书写一个合规、无瑕、精彩的人生。

关于如何才能高效、准确收集到论文写作所需的资料，何海波教授提出了

"穷尽相关文献"的建议。在他看来，学术论文要有根有据、有所创新，都必须建立在文献基础上。有根有据，就必须拿文献说话；有所创新，就必须比对现有文献。没有比较的文献根据，只是专门谈自己的看法，也不叫论文；没有阅读相关文献，一个人自说自话，可能说得很有道理，却不一定有什么创新。要想写一篇合格的论文，必须穷尽相关文献。如何"穷尽相关文献"？这需要处理好几对关系：法学文献与非法学文献、资料的新与旧、资料的洋与中、文献的权威与不权威。[①] 写论文前，首先需要查找的就是学术界相关主题的论文、专著和教材，看看学术界都已经讨论过什么。学术是一个知识和思想的系统，也是一个学术人的系统。如果你不看学术界的讨论，不知道学术界惯用的术语、基本的观点，你根本进不了这个系统，只能在学术圈外面自说自话。除此之外，相关的立法、判例和时事报道，法学以外的人文社科文献等，都是法学论文写作中经常需要参引的。至于外国文献的引用，需要视论文的主题而定，如果本来就论及的中国问题，就不必引用外国文献，除非国外有相近或相同的法律问题，且解决经验有值得比较和借鉴的地方。对于文献的权威性，一般而言，学术界比较认可的权威期刊上的文章相对而言比一般期刊的文章更值得参考，篇幅 2 万字的文章比只有 5 千字以内的论文论证更充分，更有借鉴价值，在期刊已经普遍电子化的当下，论文的转引次数也可以作为参考，但不绝对，因为有些论文的学术关注可能不太多，但质量很高，这就需要打开文档，阅读一遍。所以，也有"养在深闺人未识"的好论文发表在不太权威的刊物上，这就需要从论文标题、作者研究的专精领域、资料的新颖程度、观点的创新性等方面判断。还有一种途径可以参考，就是综合性大学且哲学社会科学学科比较强的高校学报的哲学社会科学版的论文，各省的社会科学院主办的学术期刊的论文，都是资料收集的渠道。有时，仅从发表的刊物还不一定能找到所需要的资料，真正的高质量论文要从其内容判断，包括思想的原创性或者出处的原生性、论证的严谨性或者表达的准确性、被转载、摘录和在同行及社会上的影响力等。

---

① 何海波：《法学论文写作》，北京大学出版社 2014 年版，第 55~62 页。

当然，需要特别提醒的是，资料的充足是一个相对的概念和要求，由于每个人的新知识积累、学识、立足点、角度和论文层次的不同，"充足"只是对于论文基本目标达成而言，所以，不可能一直在搜寻资料的路上，一般而言，能够找到代表性论文、案例等就可动笔写作了，写作过程中确需补充的，就按需要补充，这样能保证在个人精力、学识和时间等各种因素制约下顺利完成论文写作。我们追求的最理想状态当然是"穷尽相关文献"，"虽不能至，然心向往之"，可以在大学阶段努力追求，在未来的工作和学习中逐步实现。最需要克服的陋习是在答辩前一两个月，草草查阅几篇文献，随意拼凑一篇论文交差，这既是对自己学业不负责任，也是学习态度不端正、品德不良的表现，同时也会留下隐患，如在每年国家教育部门组织的论文抽检活动中一经发现不合格论文，会导致取消学位的后果。更不用说论文上网，一旦被举报，也会影响个人声誉、生活和工作等很诸多方面。

三、文献资料的梳理——文献综述

综述文献是学位论文的起点，写学术文章的时候要有一个基本的出发点，这个基本的出发点是通过阅读文献获得的。广义的文献也包括各类典型案例和调研报告。看文献，不仅是学习和整理已有的研究成果，而且是为了区别已有的观点和成果并尽力超越已有的研究，在已有的研究基础上"百尺竿头，更进一步"，是一种拓展思维和思路，获得新知的良好训练。没有文献综述，就极有可能在重复别人的研究，得出与别人一样的结论甚至远不如别人研究的广度和深度，结果是浪费宝贵时间，却收效甚微，并且造成学习方法和认识问题基本程序的缺损。生活中的至理名言"货比三家"实质也是对能买到价廉物美的商品的不同商家的价格和质量的一种综述过程。文献综述是一个反复比较和抉择的过程，本身包含着潜在的超越和对创新的目标追求的思维历程。

论文的创新或者说论文值得写什么和不值得写什么，有一个起码的前提和可自信自测的判断，那就是对所选定的题目或大致方向的资料有一个基本的梳理，我们生活中有一个通俗的比喻"不要嚼别人嚼过的馍"，意思是重复别人的是不可取的。所以，文献的梳理是开始写作的前提，不仅如此，在研读别人文章时还可能碰撞出新的思想火花，因而也是灵感的触发点。同时，研读一篇好的文章，也是树立学习写作的榜样和范本，有时可以借鉴着写类似的文章。更根本的是该步骤是学位论文的科研规范、学术过程、思维规律和创新本质的内在要求。学位论文是在有限时间内寻求知识和能力的最大增量的过程，通过对拟定主题相关资料的汇总和爬梳，不仅全面了解或掌握了从写作开始时的前期研究的全貌、主流或前沿，而且也会发现存在哪些不足，进一步研究的可能性在哪里，是否值得进一步研究等。人们常说"人无我有，人有我新，人新我特，人特我转"，用在论文写作上也一样，一定要超越现有的研究或者放弃已经有人做到极致的研究。深入的文献梳理，可以逐步发现无论是从材料、视角、方法、观点等哪一个方面或多个方面都可能触发一种创新灵感，研读他人文章，目的是"他山之石，可以攻玉"。应该说只要作了文献综述的工作，论文写作就会像做房子选了址一样，下一步就是怎么在此基础上构筑论文的大厦了。但愿景的美好不意味着通向愿景道路的平坦，梳理文献是一项基本功，需要耗费大量的精力，至少得几个月或更长时间的寻找、积累、筛选和分析。

一般而言，写好文献综述应当注意以下方面。

学位论文的"文献"可做广义理解。从广义而言，不仅包括学术论文和书籍内容的综述，还包括调研报告、典型案例（尤其是英美法系的案例），甚至对一些法规和制度变迁的归纳。因此。从做研究的角度来讲，文献综述、法规梳理和制度比较都是一个分类、梳理、概括和总结的过程，不同的只是所涉及的研究对象。

首先，需要明确文献综述解决什么问题，包含什么内容？总体来看，文献综述包括以下方面：其一，文献综述应该勾勒出一幅研究领域的全景图。如该领域是怎样发展演变至今的？哪些文献被认为具有经典性或代表性，又有哪些具有里程碑式的意义？是否存在某种争议，又是否达到某种共识？是否存在某种发展趋势？其二，应该点明以往研究与当下研究的关系。如该领域是否存在明显的研究空白？是否有尚待修正的错误？某些方面是否还缺少进一步的研究？梳理的几个方面与论文有怎样的关系？论文的写作新意可以从哪几个方面展开？其三，应当为综述者选定的研究问题、研究假设做铺垫、做论证。古人说，观今宜鉴古，无古不成今。当下的观点和举措需要历史的经验和教训作为序曲，这种序曲就是对他人研究的成果的归纳和总结。其四，客观公允评析以往研究所取得的成绩、不足和启示，这样既避免重复，也能更好激发写作学位论文之新意。

文献综述的特点主要包括：一是综合性。综述要"纵横交错"，既要以对论题相关的若干问题的研究为纵线，反映当前课题的进展；又要通过类型化方式从国内到国外，进行横向比较。只有如此，论文才容易收集到大量材料，经过综合分析、归纳整理、吸收鉴别，使材料更精练、更明确、更有层次和更有逻辑，进而深度把握研究现状和研究的不足之处。二是评述性，是指对综述中的不同学术观点进行综合、分析、评价，反映作者的观点和见解，并与综述的内容构成整体。一般来说，综述应有作者的观点，否则就只是相关研究成果的摘录或汇总。三是前沿性。综述不是写某一论题学术研究的历史，而是要收集最具代表性的研究成果、最新资料，获取最新内容，使论文能够在最新的研究成果基础上有所创新和提升，使读者阅读后有新的收获或启迪。

综述要力避材料的简单罗列，必须对亲自阅读和收集的材料，加以归纳、总结，做出客观公允的评价。要从收集的文献资料中合乎逻辑地引出结论。一篇好的综述，应当是既有观点，又有事实，有骨又有肉的好文章。由于综述不同于原始论文，所以在引用材料方面，也可包括作者自己的调研成果或已经发表的论文、未发表或待发表的新成果。

综述的内容和形式尽管无一定之规，篇幅长短不一，长的可以是几十万字甚至上百万字的专著，参考文献可有数百篇乃至数千篇；短的可仅有千余字，参考文献也仅有数篇。但在引述不同学者研究观点的时候，一般只称呼其姓名，不需要附带职称(如教授)或尊称(如先生、大师、某某家之类的)，成果一般标注年份即可(如张某某，2019)。

总的说来，文献综述系统、严谨、不同于一般的科学论著和报刊政论文章，是反映学科或专题研究进展、现状、趋势，展望未来的作品，同时也是新知识的突破和创新的开始。

文献综述按其内容侧重点不同可分为几个主要的类型：

1. 背景式综述

任何的论文写作都有缘起，都是在一定的理论或现实背景下触发思维对接的反应，从这个意义上讲，时势造论文。没有现实的背景做支撑，论文的选题就缺乏时代意义，写出来就不会有理论和实际的功用，就容易陷入无病呻吟式的写作泥淖，让人感觉是隔靴搔痒，不得要领。适当在文献综述中对背景进行爬梳十分必要。背景式文献综述梳理论文论题相关的研究问题的意义、背景情况，将该研究问题置于一个大的相关的研究背景下，让读者了解到该研究在整个相关的研究领域中所占的比重和位置。读者可以从背景式综述中看到该研究问题与前期研究的相关性，并了解到前期研究中存在的问题和不足，凸显选题的理论价值和现实意义。

2. 历史性综述

历史性综述是追溯某一思想、理论、制度、规范、概念等形成和发展的来龙去脉。作者往往需要对与论文内容相关的最重要的问题作历史性综述，对某一学科的全貌有一个基本的了解和认识，明确该领域研究已经走到哪一步，有利于探知前沿问题隐藏在哪些方面、有哪些不足、下一步的可能趋势等重要问题，有助于作者在该领域的创新，也有助于读者通过阅读历史性综述，了解该学科的基本发展脉络、作者的创新在哪里及其价值和分量。历史性综述不是简单的罗列、介绍他人的观点，而是要在纵向的梳理过程中，适当点评不同成果的历史贡献、继承发展了什么、有什么局限性等。

3. 理论式综述

理论式综述是对解释同一现象的不同理论进行综述，分别介绍不同理论，比较各理论的优点和不足，并评价它们对该现象的解释力。当作者需要整合两种或多种理论，或者拓展某一理论，或者提出全新的理论时，需要对此前的相关理论进行综述。好的理论综述是产生划时代著作的前提，许多哲学和法学理论领域都有这方面的典范之作，如罗尔斯的《正义论》、博登海默的《法理学：法律哲学与法律方法》等。通过阅读这些经典的综述，有利于论文综述水平的提高。

4. 方法性综述

方法性综述是研究者对研究成果的方法进行综述，评价研究方法使用是否正确、得当，指出不同的研究设计、不同的样本、不同的测量方法可能会导致不同的研究结果等。

5. 整合式综述

整合式综述是作者整合某一研究问题相关的论文和研究报告，通过一定的逻辑安排，分类综述所涉论题相关分论题的研究现状。一般学位论文都是整合式综述，是对前述几种综述按需要放在国内外研究综述部分中进行分类展开。

写学位论文必须进行文献综述，是论文的内在要求，是针对作者研究主题涉及的学术领域已有的观点、理论或者制度分析成果做一个整体的梳理。这样做的原因是，我们通常不是开创者，我们现在所思考和解决的问题在人类的思想上或者实践上往往都是有渊源的。[1] 所以，写文章要把渊源理清楚，"知己知彼"，才能知道哪些需要进一步研究，从哪里开始研究，最后才有可能产生自己创新性的研究成果，推陈出新，或者是百尺竿头更进一步。尤其是自己的思想主旨，通常是要通过文献综述呈现出来的，例如，文章要处理的这个问题以往有几派观点，作者需要归纳这几派的观点，或者至少阐释清楚作者更倾向哪一派的观点。对于某个问题有"肯定说""否定说""折中说"等学术观点的，梳理之后，就会发现问题，然后提出自己的观点。

具体而言，文献综述可以通过高度概括的方式，在写作开始时就尽可能区分主流观点和异议观点。在文献综述部分，一方面可以明确作者所要批判的、或者要进行对话的理论是什么，即竖起靶子、找出对手。文章的其他部分围绕这个靶子从多个角度进行驳斥，从而提出作者自己的观点。另一方面，也可以作者的观点为核心展开相关综述，以核心观点下的次级观点为脉络，综述相关文献。要做到这一点，就需要在写作之前进行论文的结构性思考，再在文献综述过程中进行修改、补充和完善。需要特别注意的是，文献综述不是简单地罗列各种学说、各派意见，而是需要有选择性、指向性、本质性、评述性，类型

---

[1]　凌斌：《法科学生必修课：论文写作与资源检索》，北京大学出版社2013年版，第67页。

化地分清主次，有自己明确的评判，同时评判又需要暗合作者论文中的观点或论证。现在大学每个阶段的学生都知道学位论文要写文献综述（或称国内外研究现状），但怎样写好却并不清楚具体要求和方法，纯粹的、机械的观点罗列是比较普遍的现象，也是比较好的情形，许多同学将法制现状当做研究现状，有点张冠李戴了。至于综述的内容观点跟自己论文要研究的内容之间有没有关系、有多少关系和怎样的关系或关联，在所不问，似乎是人家的事，与自己无关，或者认为只是完成一个文献说明的过程，这种两张皮的现象非常普遍。所以，文献综述，表面看是梳理、点评别人文章，实质是为自己的观点和论证开路，为论文的创新奠基。如果没有这种认识和方法，论文就缺乏一以贯之的逻辑结构，甚至导致整篇文章都在罗列观点、没有问题也没有主线，就会变成观点汇编或不同观点罗列的说明文，与论辩性的学术论文相去甚远。除此之外，还有一个相当普遍的现象就是，学生往往分不清"研究观点"和"制度规范及实践经验"之间的区别，往往将制度、规范或案例放在研究综述中。

要写好文献综述，还有一些前期准备工作要做，即要有一个检索文献的过程。通过文献的检索，有意识地积累一些最基本的文献，了解学界对于我们关心的论题都有哪些研究成果，对这些文献内容进行学术观点、研究角度、逻辑结构和写作背景的梳理，获得一个总体性判断，为正式的论文选题、文献综述提供有价值的参考。因此，文献检索相当于战斗开始前的侦察过程，直接决定战斗能否顺利进行和获胜的几率。同样，即使是论文中需要进行法规综述和制度比较，也不是简单的规范和事实罗列，而应当带有自己论文论证目标的"证据"的选择和辨析，只有这样才能够使法规梳理和制度比较与文章的论证结合为一个有机整体，事实上，论文的每一句话、每一条引文、每一条法规、每一个转换都是构成学位论文必不可少的，哪怕是一个标点符号，也像汽车、飞机上的螺丝钉一样，恰如其分，不可或缺。综述成果不可滥引用以充数量。检索和阅读萃取的过程也是学习论文怎么写的过程，认真对待，可以帮助我们最大限度地杜绝无从下笔、下笔千言离题万里、逻辑混乱、材料堆砌、废话空话连篇、词不达意、天马行空或意识流式地拼凑成篇的不良写作现象。

再往细里说，文献如何归纳？主要涉及但不限于以下几个方面：

一是确立问题意识并对问题进行层次化。有了自己的问题，那么我们应该思考如何分类才能更好地将问题理清楚，包括区分为几类、区分到哪一个层次、哪一个类别或层次应当重点阐述。二是概括学术传统。一个问题需要放入或者对比既有的学术传统，表明其理论上的意义。因此，当我们产生一个问题意识以后，应当回溯其学术传统。但不必长篇大论，面面俱到，只需要简明扼要地介绍清楚这一学术传统的总体变迁和代表性观点就可以了。不着要点的过度表述只会模糊自己论文的研究主题，弄不好会喧宾夺主。要始终紧扣着研究的主线，如同攥紧贯穿铜钱的线绳。三是要通过综述区别现有观点，为自己的观点出场做铺垫。论文的别名叫创新，只有真正提炼出区别于别人的观点才有可能称得上创新。而没有比较就没有鉴别，所以，需要通过区别他人的观点，来确立自己的原创性和独立性观点。

文献综述一般在论文导论或第一章部分，但也无强制性规定，具体写法和位置是不拘一格的，或集中在文章的开头，或放在文章的中间，也可以通过论文的注释进行处理。

文献综述从基本构成看，有形式层面和内容层面的要求。

从形式层面看，需要注意的是：

(1)引用文献的权威性

对于权威文献的检索，有人提出应当专门开设法律检索课程，一些学校开设有此类课程，对学生查阅资料有莫大帮助。但文献检索必须与文献阅读能力、自己学识和平时积累结合起来，否则只能检索却不能鉴别优劣文献。就形式标准而言，核心期刊目录都是公开的，无论是南大、北大还是法学类核心期刊，随时都能找到。但更为重要和根本的，是对于文章质量本身的甄别，需要平时更多地研读经典著作、高水平论文，以及博学深思作为基础，并按图索骥从浩繁的文献中找出需要的文献。

(2)写作格式的规范性

学生学位论文往往在注释方面存在诸多不规范之处，除标点运用之外，引注要素不齐全，最致命的一点在于，转引文献没有注明转引基本信息。

(3)综述结构的合理性

综述要有主线。缺乏主线将直接导致综述本身流于材料堆砌。综述结构谋篇布局的要点，即遵循"提出问题、分析问题、解决问题"的脉络井然有序地展开述评。

(4)文字表达的流畅性

综述是最考验作者的概括能力和表达能力的。而在实践中，很多学生学位论文表述得拖沓含混，抓不到核心要点，冗长不得精髓，还常常存有语病。如有作者说"王泽鉴教授在其基础上结合台湾地区现行法律认为其有两个阶段"，连用两个"其"而二者指代不一，容易混淆。部分词语出现错误，如"此外我国多个学者也针对此问题作出了自己的看法，从一个侧面也反映了该理论对中国法学的影响力"，此句中的"作出"显然使用不适当。

从实质层面看，需要注意的是：

(1)问题意识

综述是问题高度隐含、浓缩的导入式展开，紧扣问题找资料，进行分类、分析和评判，如韩愈所言"万山磅礴必有主峰，龙衮九章但挈一领"，没有目的的比较只是材料的堆砌。当涉及域外的研究成果时，需要先自我追问：域外是否提出过这个论题？其观点切合我的论题吗？我的论题中涉及的核心概念在域外有相同或功能类似的概念吗？这些都可以说是问题中的问题，是文献综述中扩大搜索范围的思考路径，但这也是需要防范的陷阱。要注意名相同含义相异，名不同而功能一样的情形。

(2)问题分解

论文的问题从主题的论证逻辑看，一般核心命题的"主题"可以分解为"提出、分析、解决"三个次级问题，还可从问题的现实存在性及下一步的走向，区分为实然和应然不同层面的问题，在分析实然状态的同时，应指出和论证应然的走向，使论文在不同的视角、层级和逻辑上获得交融和递进。在文献综述中可以结合分解的维度，将相关成果嵌入其中。

(3)观点的"比""述""评"

文献综述不能仅仅停留在对比层面，而应该在每一个部分均有总结，并提出自己的观点，真正做到"述评"。以所写的主题存在肯定说和否定说为例，

"比""述""评"的基本思路：对某一主题进行深入研究以后，区分出肯定说和否定说。接着对肯定说和否定说进行梳理，其间对肯定说和否定说的长处和短处进行评议。然后提出自己的折中说或基本支持某个学说，做进一步完善等。接下来的主要任务是论证论文所提出的观点综合了肯定说和否定说的优点或基本认同了某个观点，避免了肯定说和否定说的弱点，提出完善的方向性思考，论文的创新就随着论证的展开而清晰、有说服力地呈现出来。

另外，互联网时代电子文献的阅读与论文综述的写作有了新的变化。

在互联网时代，除了纸质刊物作为文献综述的资料来源之外，中外电子著作逐渐成为文献综述的重要资料来源，用好电子文献，也是做好文献综述的重要途径。关于电子文献的检索，由于涉及问题很多，并且有不少专门著作和大学开设了此类课程，在此不做详解。

总体而言，当前，大学生做学位论文，在论文选题、文献阅读与检索方面主要存在如下几个方面的问题：第一，大多数学生并没有在严格查阅资料后确定选题，而其选题的主要来源由指导教师直接提供，或者从法律案例、社会热点事件、感兴趣的话题等中得出，或者受同学启发，更有甚者是"拍脑袋"想出来的。即使查阅资料，大学生普遍对如何查询相关资料缺乏训练或前期思考不足。临开题前在百度或者一些知名的搜索引擎中检索，对"研究现状"和"法制法规"区分不清或者因阅读相关著作严重不足，只好用规范罗列代替"文献综述"，即使是在电子图书馆提供的网络数据库中查询，也由于平时看书和思考、训练相对不足，对电子资料使用效能不高。另外，很多学生对文献阅读和检索中发现可参考的内容，理解不透，萃取或综述他人论文观点能力欠缺，简单"复制""粘贴"文本现象普遍，缺乏综合、适当评述的能力。

由于互联网的便捷性和相当多的书籍、文章的电子化，大学生在写毕业论文时，首先都会到网络上查找相关资料，这也是计算机网络资源共享性的属性所决定的。尽管谈不上全面，但总体上可以满足研究的需要。可以说，重要期刊几乎都有电子版，此外，博士、硕士论文，会议论文，以及一些专业书籍也有电子版，但要注意的是，每个学校购买的期刊数据库的范围并不相同，为防止重要期刊的遗漏，因此还需要借助大型图书馆和网络平台的支持。所以，学生经常会借助 Internet(互联网)与学校图书馆所提供的期刊论文、电子书等数据库进行资料的查询、下载、阅读。因为只有查阅大量的文献资料,才能确定一个合理的选题,才能在研究与写作过程中了解当前该选题的方向以及他人的研究成果。这些阅读与一般的网络电子阅读是有很大区别的,需要"快速概览",以确认所找的文献是否对自己的论文写作有所帮助,如果对自己的论文写作有很大帮助,则需要"精读"。①

在快速概览时,可以关注以下几个方面:首先是文章名或者书名。因为文章名或者书名往往指明了内容的大致方向,所以对内容有导向性的作用。其次是关键词。关键词往往涉及论文的研究主题、次级问题、重要方向和范围,是主题的关键支撑论点或论域。最后,如果是论文,可以首先看一下摘要。摘要简明、集中地透露了论文作者的基本思路、发现的问题和提出的观点,浏览该部分即可节约时间,快速把握论文的主要内容和观点,也可以此判断是否有必要阅读全文。当然在阅读全文前,先对文章的一级、二级标题作一扫描。如果是书籍资料,那么应先浏览图书目录,然后阅读序言。图书目录相当于提纲,了解目录就是了解全书的体系结构。序言既可能是作者亲自写的导读,也可能是著名学者的评论,都有总括全书主旨,发挥导读的功能,能帮助读者迅速抓住著作者的思维主线和基本观点,提高阅读速度和理解效率。在快速概览过程中可以用阅读编辑器适当作一些标记,如用图章表明"可参考"等,同时可以对已下载的文章或段落进行分类收藏。

与概览不同的是文献资料的"精读",即对重要文章和著作的仔细研读,是一种比较、借鉴式的品读。它关注的是选题方向、问题导出、研究方法、材料组织、证据使用、论证过程、解决问题的策略、数据处理的方法、得出的结论、对以前理论的超越或独到的观点等。在精读时,可以利用画线、标注、高亮、注释、图形等方式,对自己的研究与写作有参考作用的部分作一些特殊的标记。

---

① 张明霞:《电子文本阅读与大学生毕业论文写作》,载《新闻研究导刊》2019 年第 1 期。

第四节　论 文 语 言

一、论文语言原则

学位论文的语言从社会功用看，是一种思想的交流。因此，首先应符合思想交流的一般法则，这方面有不少学者的研究经验，著名哲学家罗素曾提出思想交流应遵循五个规则：(1)即使真理并不令你愉快，也要选择服膺真理。(2)凡事不要抱绝对肯定的态度，有一点开放的态度总是好的。(3)不要因为反感一个人而不管他在讲什么都认定他在撒谎或者诡辩。(4)不要盲目崇拜任何权威，也不要盲目蔑视他人的智力。(5)有人与你意见相左时应该讲道理而不是企图用谩骂去征服他们——即使他们是你认为软弱可欺的人。如果有立场跟你一致的人谩骂不同意见的人，不要跟他合伙。论文写作实质上是与读者的交流，与潜在的质疑者、存疑者的辩论，所以，要怀着探寻真理的态度，全面地搜寻和分析事实，不能只选取有利于自己观点的事实。有一分证据说一分话，有九分证据不说十分话。不要以偏概全，不可武断下结论，不要无根据地进行绝对的判断和任意地全盘否定一个事实或本身就复杂的现象；审慎恰当地表述不同意的观点，语气应委婉、温和最好具有商榷性；也不要因人废言，先入为主，要敢于质疑和挑战权威学者和观点，但必须持之有据；任何时候都不可采取人身攻击的方式否定别人的观点和证明自己的主张，更不可有意曲解别人的观点，也不可断章取义地摘录别人的话，等等。如同我们日常生活中所讲的，人要有"口德"，借用到论文写作上，可以说写论文要有行文的"文德"，这些是论文语言首先应遵循的基本操守和原则。

二、论文语言的基本要求

在遵循思想交流基本原则的前提下，论文语言首先要追求畅达。孔子曰：'言之不文，行而不远。'又曰：'辞，达而已矣。'夫言止于达意，即疑若不文，是大不然。求物之妙，如系风捕影；能使事物了然于心者，盖千万人而不一遇也，而况能使了然于口与手者乎？是之谓辞达。辞至于能达，则文不可胜用矣。"孔子主张文章要有文采，这是一个极高的要求，一般人不容易做得到，但语言作为交流的工具，他实事求是地提出，文辞能够达意就可以了，言辞到了能够达意的程度，那么需要说明和传递的道理或信息就自然可以源源不断地阐释或传播。宋代文学家苏轼在《答谢民师书》一文中，谈到文章的写作时说，作文"大略如行云流水，初无定质，但常行于所当行，常止于所不可不止，文理自然，姿态横生"。苏轼主张写文章要注意两点：一是文字表达要流畅自然，没有千篇一律的表达方式；二是言词能够把意思表达清楚就行。

其次，论文语言务求精练、简明。西晋文学家陆机的名言"苟背义而伤道，文虽爱而必捐"，也是说如有不符合道义之处，即使文句可爱也必删除之。在学位论文写作中，一些同学文笔不错，但不合实际地、夸大其词地针砭时弊，这些文字尽管语句精妙，但由于已经背离法律基本精神、历史真实、社会现实和写作的道义标准，所以必须去掉。清朝文人戴名世在写作方面，提出"割爱"之说。他在《张贡五文集序》中，谈到他年轻时，在山里遇到一个卖药老人。就如何写作，这位老人说："为文之道，吾赠君两言：曰'割爱'而已。"戴名世回到家中，将自己写的得意之作拿来一读，才发现，自认为很多"辞采工丽，议论激越，才气驰骤"的部分，"皆可爱也，则皆可割也"。这样"割爱"下来，则一篇文章可保存者不到十分之一二了。戴名世此后，将"割爱"作为写作之道。"割爱"作为锤炼论文语言的重要原则，具有很强的实用价值，促使作者用最精练、简洁、明白的语言表达观点，展开论述，去掉论文中绕来绕去、冗长啰嗦和陈词滥调的表述。留下的文字，干净利落，字字珠玑，句句实在，不做无病呻吟，更不装腔作势，堆砌空洞华丽的辞藻，掩盖实质内容与思想的苍白和贫乏。

简洁明了是所有思想表达形式遵循的一般规律。郑板桥的写竹名句，"删繁就简三秋树，领异标新二月花"，既是对艺术表达规律的深刻总结，也是文章写作和创新的金科玉律。清朝唐彪所著的《读书作文谱》中记载，武叔卿谈到作文的修改之道，曰："文章有一笔写成不加点缀而自工者，此神到之文，尚矣。其次须精思细改，如文章草创已定，便从头至尾一一检点。气有不顺处，须疏之使润；机有不圆处，须炼之使圆；血脉有不贯处，须融之使贯；音节有不叶处，须调之使叶：如此仔细推敲，自然疵病稀少。倘一时潦草，便尔苟安，微疵不去，终为美玉之玷矣。"在作者看来，文章写完后不修改就很好的只有神来之笔，但事实上不存在，更多的是须从头至尾反复地推敲、仔细地修改。许多著名学者的著作都是数易其稿而成，这种追求精益求精，对自己、读者、社会负责的精神值得好好学习和效仿。

上述对论文写作语言方面的阐释可以说是一般性要求，具体到学位论文上，梁慧星教授认为语言应注意与文体、文字、文风、文采和文气等方面相契合。① 文章的文体，又称文章的体别、体裁，对文章写作进行分类古已有之，如曾国藩将文章区分为三门十一类。"五四"新文化运动后，基于文言文向白话文转变，梁启超先生针对学校教育的实践简化了分类：把文章分为两个部类，一类是所谓"情感之文"，即文艺作品；另一类是所谓"应用之文"，包括记叙文和论说文，认为这是作文教学的重点。唐弢先生将文章分为记叙、论辩和抒情三种文体。因为文体不同，写作的语言和行文结构也有区别。论辩文的特点是"论"，文章重在确立论点，提供论据，展开论证，其间还有辩驳潜在的异议。梁慧星认为论文又可以按照学术标准分为学术论文和非学术论文。在他看来，一般不提供完整的论据，不具有完整的结构和进行充分的论证的文章为非学术论文。依此标准，大致可以认为，古代的政治家、文学家点评历史人物和事件的论辩性文章归于非学术论文之列，如贾谊的《过秦论》、苏轼的《留侯论》等，以及现在报刊上的社论、评论、短论和一些评论性倾向的专栏评论文章等。梁慧星教授将学术性论文进一步划分为一般学术性论文和研究性学术论文。"一般论文下笔之时，所要表达的思想、观点、主张已经存在，不须作什么研究，只须予以解释、论说、表达。而学术研究论文下笔之时，并没有这样的思想、观点、主张，只是确定一个研究课题、研究对象、研究范围，经过

---

① 参见梁慧星：《法学学位论文写作方法》，法律出版社 2006 年版，第 99~114 页。

研究最后才产生、形成思想、观点、主张。"①以这种是否具有研究性为标准，长篇专题研究论文、硕士学位论文和博士学位论文可被视为研究性学术论文。所以，在拟定学位论文题目时，不应当是一个论断，如"论宪法是依法治国的总章程"是一个已经包含观点的题目，作为学位论文就不合适，如果把题目改成"论宪法在治国安邦中的功能和作用"，修改后的题目只涉及研究对象"宪法"，范围是"治国安邦中的功能和作用"，因而有许多需要进一步研究的问题和论证过程，最后在论文结束时得出结论(观点)，也就是说研究性论文事先没有观点，只有经过不断追问和论证后才能得出观点。而学术论文则相反，论文题目就已经有明确的观点(定论或论断)，作者只需围绕这个观点讲清楚内涵，进行解释、论说，中间也可以穿插指出一些不正确的看法或观点，在逻辑思路上近似于演绎推理。

研究性论文由于是对特定问题的论证，在文字表述上自然有其特殊规范性要求，才能够确保表述的严谨性、准确性和精练性，所以文字应当朴实、准确、流畅，符合语法、文法，既不能用文学的修辞手法，如抒情、描写、夸张、比喻、拟人等；也不能用对大众或儿童科普的方式进行比喻式、趣图解读等形式描述。

三、论文语言的表达方式

法学论文有好的思想、论证和观点，必须要借助于好的方式表达出来，才能让读者认同。这就涉及表达方式，即"文风"问题，需要特别注意的是，一要避免欧化和生硬的翻译文风。中国语言经过几千年的发展，语义精准而丰富，表达文雅而富于韵律，只要认真推敲，完全可以顺畅地表达法律的各种理论和规范意义，不必以所谓符合外文原意为由，生翻硬译，那样读起来既不符合中国人的语言习惯，又容易滋生语病。即使是外文长句子，也应当按照中文通常的表达方式进行转换，"信、达、雅"应作为翻译的要求。二要避免口语化。法律作为最有条理和最有逻辑的严谨表达，法学研究作为最富于雄辩和严

---

① 梁慧星：《法学学位论文写作方法》，法律出版社 2006 年版，第 101 页。

密推理的逻辑表达，只有建立在语言的专业性和严谨性基础上，才能表达精准，思维通达，字字珠玑，掷地有声，论证有力。法律是由一系列专门术语、概念和含义明确的语词经过一定的句式连接而成，在法理、原则和规范的连接和转换之间，需要特定的转换语词，上一句和下一句之间，上一段和下一段之间，不能用日常生活对话式的俗语、俚语或口头禅，如"我先要说的是""我再来说第二点""我还想说第三点""先看看这个规范""再看看这个规则""前面提到的那个规则"，这些口语、拉家常式、谈话谈心式的语言必须杜绝。

关于口语、拉家常式、谈话谈心式语言改进的办法：

一是研读法律法规，看看法律概念和规范在法律文本中如何表述，语句和结构有何特点；但也要防止为了避免口语化而刻意使用冷僻字句。曾国藩曾指出，有的人见识不足，却喜欢用冷僻或晦涩的字句，来吓唬读者。这也是写论文的一大戒律。

二是多看法学专著及名著，特别是研究性、论辩性强的著作，体会其语言特色。

三是多看法学期刊论文，认真分析其如何对法律事实或史实进行表述，对不同观点如何归纳，对不同意的观点如何评价和反驳，对自己的主张如何通过实例进行分析，如何通过案例解读引出论文的问题、如何通过问题引出一层层的论证，不同层次之间是并列关系还是递进关系，如何对法规进行引用和评析，如何将现实、法规和法理融为一个逻辑表达的整体，如何将论题分成几个分论题，分论题之间的逻辑关系与转换技巧是怎样的？为什么分成这几个分论题？注释是如何嵌入的？论文与著作如何实现知识的对接与融通？注释的句子与前后文之间的语意是如何贯通的？引注放在这里起到什么作用？若不要引注会有什么后果，会影响论证效力吗？能不能换一个更贴切的引注？如果要换引注，在哪里寻找更合适的引注？论文有没有不足的地方？如果我来写会怎么写？……通过解剖麻雀的方法，认真解读一本法学经典著作、一篇优秀的法学论文，再模仿着写几篇论文或片段，再反复比对、修改和完善，应该是一个比较有效的克服口语化的方法。

四是运用法律概念体系进行思维和表达。法律规则的适用和法律效力的作用范围与对象都是建立在一定的概念统摄的前提下，法律因为有了一定的概念对具体的社会关系的界定锁定"问题域"之后，才能有适用于特定领域的规范体系的展开和行为模式的生成，如宪法中的"国家权力""全国人民代表大会""公民""基本权利"，民法中的"物权""债权""人格权""监护"等，法律概念是对法律需要调整的特定范围、对象的特定属性的描述和边界的划定，即概念的内涵和外延。基于人类社会生活的复杂性，由此带来了社会关系的多样性，权利义务的配置更加复杂和微妙，也需要法律装置更为精致和巧妙，而通过概念锁定规范的调整范围，通过不同概念和规范之间的相互关系，串联和整理不同概念及规范调整对象和效力等级之间的关系，最终使调整不同社会关系的法律形成协调的法律规范体系，配置好各个领域中国家的权力、公民的权利和义务，解决人们生活和生产中产生的各种具有法律意义行为间的冲突。所以，每一个法律概念如同每个公民的身份证，对应着特定的对象和范围。法学学位论文的写作，必须首先界定论题的中心或核心概念，再展开分析，如，选择"文化权利"的论文，首先需要界定作者在什么意义上使用"文化"，"文化权利"又是指什么。因为文化的内涵和外延太丰富，如果不进行范围和视角的界定，就无法完成这一浩大的论证工程，也很难找到中心论点。如"行政救济"，有时指包括行政诉讼在内的救济制度，有时又指不包含行政诉讼的救济，这就需要在论文中首先进行概念的界定。重视概念界定的首要原因是，概念有时外延比较大，或者是概念本身就语意不明确，如果不先定义好，不仅作者写起来漫无边际，而且读者也如云里雾里，不知作者要论证什么。比如我国的"基层"这个概念含义就不太明确。有些新出现的概念由于没有统一的法律定义或者只是一种学理的概念，就更加需要界定，如"表现自由""表达自由""个人信息""留守儿童""青少年""弱势群体""酷刑""基层执法""基层治理""许可""认可""货物""消费品""消费者"等。

所以法学论文写作的基本功是对法律概念的全面理解和使用，并结合论文题目对其进行重新审视与界定。只要可能出现概念的歧义或概念范围的扩大、缩小等与论文讨论范围不适应时，就必须考虑对概念进行与论题相吻合的界定。从一定意义上讲，法学论文是在分析、展开概念的链条中完成一个个规范的连接、联动、比较、确认和适用的过程，通过对概念的界定、运用、辨析、展开，再结合具体的案例、数据或事实，形成的一个逻辑推论严密的话语体系和思维过程。当然，在法学论文写作中不单单要注意法律概念，还要注意论述中相关概念的辨析，所以，无论是思维还是表达，使用口语是无法完成法学论文写作使命的！

四、语句和段落

概念是法学论文表达的最基本单位，概念的展开及不同概念和规范、事实的连接形成完整的表意结构，就是语句和段落。实际上，可以将法学学位论文视为一棵树，概念是树种、形态和特性的总体形象，树根、树干、树枝、树叶如同法的理念、原则、规范和现实，规范将不同的原则与现实连接起来形成有生命力、符合树的属性和外形，并且能稳稳耸立在大地上的特有一棵树（论文）。所以，因为有概念可以生成和连接句子，有句子就可以生成段落。因为概念的规定性，决定了段落需要按概念要求一层层展开，或并列或递进，完成一个语言规范、表达流畅、格式正确、结构完整、条理清楚、论证充分、逻辑严谨、结论可靠、属于法学领域的法学论文。当然，这些道理和要求理解起来不难，但具体运用到写作中却并不易，这需要学生们艰苦练习，反复推敲。而学生最为普遍和棘手的问题是句子与句子之间如何衔接？段落与段落之间如何进行意思相关和递进？造成这些问题的原因，说到底是对概念内涵和外延理解不透，分解到各个部分的逻辑不清晰所致。论文与教科书的写作运用的是完全不同的两种体例和思维模式。教科书式写作是宣扬法理、传递法律法规，是将既有真理按一定逻辑和方式传播出去，教材是载体，老师是传播中介，学生是受体，相当于计算机的存储器。而论文是在近似"无知之幕"的状态下，围绕一个问题，分析不同观点和路径，去伪存真，反复求证，借用或创造一个分析框架，结合现实案例或法现象、规范、法理或其他社会科学理论，接着设想有一个潜藏的对手如影随形地唱反调，使你在多重的困境中找到一个解决方案，最终获得真理(可靠结论)。如果从形而上的角度看，只有对问题理解正确了，才能表达正确，只有理解透了，才能表达到位。但问题是一切都是在探索之中，何时才能理解透呢？这实际上是一个悖论。其实，古语所言"三思而行""骑马找马""慢工出细活"不失为可行的办法，就是按照问题的提出，找好切入点的材料，如典型案例、不同观点、重大现实热点面临的解决难题等；接着分析问题存在哪些方面和产生的原因，反复思考，多角度思考，边写边修改校正，集中精力，细细爬梳，注意论证目标过程中存在问题的分类、具体表现和相互间的关系，将这些梳理清晰精准，最后的解决问题部分就可以有的放矢了。当然，解决问题的对策部分，表面上看是对前面梳理出的问题的回应和对策建议，但实际上是最艰难、最能更体现创新的部分，就像医生望闻问切之后开药方，解决不好则会导致没有疗效或者出现使人中毒，病情加深等严重后果。解决问题及时回应前面具体问题，又是新一轮的论证过程，需要对自己提出的解决方案进行全方位(至少应该考虑到的方面和视角)和自设辩驳议题的精密论证。你在指出别人的问题时要讲道理，才能让别人信服存在的问题确实为真。同理，在亮出自己的观点时，更要讲道理，不仅要讲，而且要讲透彻，把可能的质疑(潜在的反对意见)都考虑到，并且要一一主动回应，这样，你的观点才立得住，方能以理服人，得出令人信服的结论，至少自圆其说，没有逻辑上的瑕疵。许多学生当论文写到最后一部分时往往草草收场，干巴巴提出几条建议就完成论文，实际上是不合格的。这种思维习惯和行为也可能是受影视剧或某种生活习惯和学习习惯影响所致，主要是平时学习过程中的相关训练不足，更深层原因是对问题思考得不深入，理解不透彻，是思想贫乏或缺乏对现实深入了解的结果。

对于论文的语句和段落还需要注意的是，句子应长短适中，能用短句将意思表达清楚、完整的，就不用长句；有些需要长句才能表达清楚的，就应该用长句。不能为追求简短而损害意思的准确和完整。应当在意思明确、完整的前提下，讲究句子长短的变化。一篇文章不能全用长句，也不能全用短句，应既有长句，也有短句，长短相间，这样既能避免行文的呆板，又能产生抑扬顿挫的韵律感，增强了论文的可读性，也更有利于表情达意。另外，句式也应该有所变化，当然，不能为追求变化而故意寻求变化，变化的机理在于，放在句首的语词往往是为了强调和突出，这种安排受制于论文的主题和需要论证的重

91

点，同时也要兼顾前后语句间的语义连接或转换，尽量做到行文顺畅。

若干句子组合在一起，表达一个相对完整的意思后，应通过分段引起另一重叙述。法学学位论文的段落安排，总的原则是避免过长，但没有统一的判断和划分标准，也有将段落划分总结为：（1）按事物发展的顺序；（2）按地点的变化；（3）按时间顺序；（4）按事物的几个方面等。当然，也可以按空间转换分段，如不同的地方立法、中央与地方、国内与国外、内部关系与外部关系等，这也只是一个抽象的原则。分段可以结合每个大的章节的内容特点，依照一定标准，方便于叙述，有内在的逻辑，既可以是生活逻辑的一般顺序，可以是法律从生成到实施的程序步骤，也可以是思想、观念、制度、规范从认知到实施的顺序，总之，是一种思维逻辑和客观现象的协调统一。这种叙述逻辑有需要与论文章节的安排先后进行协调，实际上是几个方面逻辑的整体考量和统筹谋划的技术。实践中的直观判断，一般而言，一整面的文字作为一段似乎是太长了。分段太细太多也不合适，需要引用或分层论述的起首句可单独作为一段，二三级标题也可单独成一段，引用他人成果超过三行的，可以另外作为一段且标为不同字体，总结性的话可以单独作为一段。段落的本意是一段话表述的是一层相对完整的意思。段落也有长短，自然错落一点更符合思维常态，强行将每一段字数固定，肯定是不合理、不合思维逻辑和表达规律的。另外，构成段落元素的符号，也不要"一逗到底"，结合论文的论辩色彩，适当变换句式和标点符号，文章抑扬有度，文气跌宕，做到义理通达的同时，增加论文的可阅读性。

语言的推敲与文风。不同主题的法学论文在写作时会有不一样的行文风格，尽管法学论文都注重理性规范的分析，但有的富于激情雄辩的破立，有的精于严密平和的说理。清代文学家姚鼐把文风分为阳刚之美和阴柔之美。阳刚之美者，"则其文如霆，如电，如长风之出谷，如崇山峻崖，如决大川，如奔骐骥"。阳刚风格的文章，读来气势如虹，一泄如注。阴柔之美者，"则其文如升初日，如清风，如云，如霞，如烟，如幽林曲涧"。阴柔风格的文章，娓娓而谈，一波三折，丝丝入扣。学术论文，应该文质皆美。要想字句通顺流畅，必须认真诵读几遍。众所周知，大智立法，立法的严谨性除了前期起草阶段反复多次调研和论证外，从法案必须三读通过即可见一斑。论文写作语言的锤炼当以此中深意为圭臬。写完论文初稿，要认真诵读三五遍，这样便于发现文句不通不雅不合法理法律之处，文辞不精不妥之处，句与句之间意思表达不畅、思维跳跃之处等诸多问题，边读边改，使论文语义连贯，气势贯通，铺陈有度，一气呵成。尽管不必苛求古人追求和实践的"两句三年得，一吟双泪流"的极致境界，但适度追求文字的自恋和自洁情怀应是合理的。许多学生在写完学年论文和学位论文之后，自己都没有看一遍就交给老师，错别字、文句不通、词不达意、段落不清、结构混乱、文不对题等种种乱象，反映出对写作的极不认真的态度，有应付之嫌，无负责之态，这样的写作是不会有收获和进步的。文辞之外，论文也要重视"质"的审视和提高，经过一段时间的沉淀和过滤，将写好的论文放上一段时间，在冷静的思索中涵泳琢磨，再一次品读，有利于疏通思想上的滞碍，补充新的思想，获得"柳暗花明又一村"的新境界。

第五节　结构与格式

论文的结构一般由标题、正文和附随信息构成。正文一般包括导论、本论和结论。附随信息包括内容摘要、关键词、作者信息、注释和参考文献，有的还加上题注、附录。法学学位论文，基于教学和存档等需要，完整的论文由编号、分类、指导教师姓名、作者姓名、学校及专业名称、论文写作日期、诚信承诺书、版权声明、内容摘要、关键词、摘要及关键词的外文翻译、参考文献、后记(致谢)等要素构成。每个要素都有字体、字号、行间距、注释体例、摘要写法等格式要求。

一、论文题目

前面已经讲了论文选题，是由论文题目的内在要求决定的，这里主要讲论文标题的基本表达要求，着重从标题形式上谈谈。

论文题目是论文的名字，是对外展示的第一扇窗口，是论文最重要的容颜，好的题目会吸引起读者一探究竟的阅读欲望。当下越来越引起社会关注甚至广受批评的"标题党"做派，从反面也说明了标题的重要性。在电子数据库成为论文主要检索方式的今天，拟定标题时也要考虑方便人们日后检索。

一般论文要求三级标题，也有四级或更多级标题的，到底几级标题合适取决于文章的长度和内容的层次性。一般而言，学位论文最好具备三级标题，至多四级标题为好。三级标题的范围都必须在论文题目所涉范围之内，不能溢出题目涵盖范围之外，否则就会出现逻辑性问题，但可以小于题目的范围，如通过副(副标题)或者在导论部分对讨论的范围做适当限缩，集中讨论文章认为重要的方面，但限缩范围需要在论文中有交代，如果整体性限缩则在论文正文前面交代，如果在三级标题中的某个部分进行限缩，则在相应部分的开头做个交代，如以某某某为代表或典型进行阐释或论证，或者是从某几个主要方面加以论述。如果不经交代就按限缩范围论述，文本上就会出现遗漏，导致应该纳入讨论的问题在客观上缺失了，易被读者视为结构性的重大缺陷，这种题目与内容间逻辑不周延问题比较常见，严重的可导致论文被判定为不合格。

所有同级标题间应该是并列或递进关系，不能是包含关系。即使是并列关系的几个标题间，在先后顺序上也需要按一定标准进行次第展开，有的按照主体、客体和因果关系；有的按照法理、立法、执法、司法和社会监督等从思想到制度，从立法到适用的时间和事物发展的内在逻辑，或者从问题出现的先后、轻重、中外空间、地域、因果关系、远因到近因等，作者内心要有一个合理的考量和对外能解释得通的理由，不可想到一点就论述一点，最后导致条理不清，逻辑混乱。有时也要考虑到人们通常的认识和理解逻辑，尊重常识也是一个重要的排列原则。

拟定文章标题有三点要求：第一，名实相符，内容合身、明了；第二，新颖、给力；第三，文字简洁、顺畅。[①] 标题所涵盖的研究对象应当与正文讨论范围相当，大小一致；同时，尽可能充分地反映正文的核心要义。从本科到博士学位论文都比较容易在这方面出现问题。如，二级标题是"西方国家的某某

---

① 何海波：《法学论文写作》，北京大学出版社 2014 年版，第 180 页。

制度比较"，但在接下来的行文中，用三五个国家的事例来代表整个"域外"或"西方"，在论述的起始部分又不做限缩性交代，明显地以偏概全；再如有的选取清末或"中华民国"某个时间段的资料，却要用"近代中国的……"的大标题；也有反过来，题目很小，却在正文中超范围地论述，如，论文题目确定是对"言论自由"进行研究，结果在正文中将人身自由、营业自由大篇幅论述。这种"小马拉大车"或"牛栏关猫"的大小失衡的现象比较普遍。还有一种情形是一些题目由于概念本身不清晰或者作者对具体范围本身就不确定，导致论述跑偏。密切关联的问题应如何介入主题？这些问题尽管不一定属于论题的直接范围，但对论题起着前提性、基础性或决定性作用的，应该在合适地方接入讨论，如有些制度背景与渊源，上游立法的直接限制或后果，法治环境或民族习惯、权力生态等直接、深刻的影响因素。有些概念在学术界本来就有争论，就不要随意使用，即使使用也要首先界定论文是从哪个层面、在多大范围内使用，如"西方中世纪某某法律思想的研究""中国远古时期的习惯规则研究"，这些题目中的"中世纪""远古"时间界限不好确定，就需要在行文开始时给予范围的界定。

　　所谓题目的新颖、给力，就是要防止自己的题目与他人题目重复或者部分语词的重复，也要防止陈词滥套，大而无当。被他人写论文时多次使用过的句式需要慎重模仿，如"新常态下视角下的某某制度或机制研究""法治视野下的某某研究"等，刚开始有新意，反复使用不是多此一举就是故弄玄虚。当然，确实要用也应该深度阐释"视野"带来的不同；有时一段时间流行的格式，如"认真对待什么权利""通过什么控制或规制"，这类句式用多了，就会让人感觉赶时髦、无新意，是一种欠缺创新的表现。人们常说"衣求新，人求旧"，意思是展现给别人的东西一定要新颖点好，寻求人际交往安全感的还是知根知底的老熟人可靠。对外表现时要防止心理学所谓的"审美疲劳"效应，尽管这种现象确实有不科学、不公正的地方，但总体上还是符合研究规律和认识规律的。在满足新颖性的前提下，也可对论文题目做一点活泼性的修辞表达，如《人权的终结》(美国科斯塔斯·杜兹纳著)、《契约的死亡》(美国格兰特·吉尔莫著)、《契约的再生》(日本内田贵著)，《为什么"送法下乡"?》(朱苏力著)、《晨光初现的正当程序原则》(何海波著)等。当然，作为初学者拟定题目或一般的学位论文的题目最好不要这样标新立异，主要原因是论文要经过至少10位以上的老师或专家评阅或答辩，不像一般的论文和著作只要几位编辑或外评专家审查通过后就可以发表或出版了，即使这个期刊或出版社不赏识，投给其他期刊或出版社说不定有认同的，总之是有补救的机会，但学位论文往往就只有一次机会。学位论文直接影响毕业和就业，涉及的是"学位获得权""生存权"这些对个人影响深远的权利，而一些已经工作的专家学者发论文受阻多半是影响其"发展权""声誉权""财产权"。在能够传达同样信息的情况下，标题能省一字就省一字。对于明确是针对中国问题的论文，标题中可以去掉"中国"二字。标题中尽量不重复出现相同的词语，除非语序颠倒涉及不同或对立的法律问题。避免论文标题结构多重，一般以不超过两重为好，多了就会让人感觉不知所云，作者写起来也难以论述清楚多重关系。如"财产权保障：人格独立的制度环境——基于中国法律文化与制度演进的分析"，这样的题目让人不知要论证什么问题，不如改为"论财产权保障与人格独立"，层次更少，题义更明晰。标题读起来要朗朗上口，不拗口。有些表示关联的介词或连词可以提示问题之间的关联性或论证的范围，但不能连续出现"与""和""之""的"等连词或助词。

通常论文标题有一些相对固定的语式，如使用一些缀词，除了常见的"论"和"研究"，还有"考(考察)""辨析""批判""论纲""思考""浅议(浅析、刍议、初探)"等。再次发表文章讨论自己以前发表的文章的，可以写"再论""再考""再研究"等。学位论文的缀词范围较窄，不建议使用"浅议(浅析、刍议、初探)""要论""再考""再研究"等。用"浅析"之类的自谦词，表明自己没有深入、认真研究，学习和研究态度达不到学位论文的基本要求，因为从毕业设计、开题报告到论文完成应至少有大半年的时光，应付出的努力不少，应该探究的也不浅，却用"浅论"应付任务，自曝不足。而"再论"之类，又需要将原来的"原论"或"一论"穿插进来或附于论文之后，在行文和格式上又不妥当。总的来看，还是中规中矩的句式比较好。

二、目录、摘要和关键词

文章的功能既是对个人思维的训练、心得的记录、思想的传承，也希望对外沟通，经世致用，造福他人和社会，实现曹植所言"经国之大业，不朽之盛事"，传之久远，福泽子孙，则必须思考别人如何能快速了解文章内容，便于按图索骥，萃取精华。所以，文章特别是篇幅长的文章或文集、典章、史书、画集等就需要目录，此种标注和体例，古已有之，传至今日，于斯为盛，渐成规范。随着文章数目日盛，研究者众多，在出版发达和电子技术兴盛的时代，为方便读者快速获取需要的研究信息，专业研究文章要求附加摘要和关键词，为进一步便于国际交流和检索，同时还附有文章摘要和关键词的外文翻译，这一切都是时代需要的产物，既方便文化的传播，也对作者的能力提出了新的锻炼途径和格式要求，同时也有利于好的文章更加声名远播。作者也是读者，彼此互相借鉴，从而也是互利互惠，共同为繁荣学术、促进文明人人尽力，人人共享。

（一）论文目录

一般说来，篇幅较短的论文，可以不分设标题，自然也不存在目录设置的需求。本科及以上的学位论文通常需 1 万字以上，因其内容的层次较多，论述体系比较庞大、复杂，故需要设置目录。设置目录的目的：一是方便读者在阅读该论文之前对全文的内容、结构有一个大致的了解，以便读者决定是读还是不读，是精读还是略读等。二是为读者选读论文中的某个分论点时提供方便。长篇论文，除中心论点外，还有许多分论点。当读者需要进一步了解某个分论点时，就可以依靠目录索引快速获取而节省时间。所以，目录在毕业论文中具有必要性和重要性，是论文不可缺少的部分。三是就作者而言，有助于更好地检视和调整论证思路，使论文结构更加严谨、匀称；同时也有助于读者较快地理解论文的框架结构，抓住作者的论证思路。

学位论文要求建目录，一般采用三级目录。国外和我国台湾地区的法学刊物，多在论文篇首刊载细目。中文法学刊物上的文章，传统上不加目录；但现在也有刊物，如《清华法学》《中国法律评论》等，会给文章加上一级或者两级目录(目次)。

论文目录应注意与论文正文中的内容相对应，要防止论文正文中的标题修改了，目录中的标题未相应改正过来的情形；也要避免修改了目录，却没有对正文相应内容做修改的情形。另外，页码随版式调整也会发生改变，尽管不是大问题，但反映出作者的态度和对读者的尊重，往大里说也是一种社会责任感，因为它是向社会公开的出版物(保密的除外，但也在一定范围内可查阅)能供大众查阅或阅读。

(二)摘要

论文摘要，也称"内容提要"，是简要地概括论文所研究的问题、运用的方法、基本观点和结论的短文。摘要是对论文核心内容的客观概括，而不是对论文的诠释和评价。"摘要是论文内容的浓缩和概括。它以提供文献内容梗概为目的，不加评论和补充解释，确切地记述了文献的研究体系，主要方法、重要发现、核心结论等。"①

通过阅读摘要，读者大致可以了解论文的价值所在，如论文提出的问题是否重要，研究体系是否可靠，主要方法是否得当，重大发现或创新是否属实，核心结论是否成立。摘要既然是以提供论文核心内容和观点等的梗概为目的，就不需要添加评论和补充解释，只需简明、确切地记述论文重要内容即可。

1. 摘要具有的作用

对作者而言，写好摘要是一种概括能力的训练，如何将近万字或几十万字的论文精髓用几百字或一两千字概括出来，形成凝聚论文核心信息、逻辑严密、思路清晰、观点明确的一篇短文，它不是简单的摘录和拼凑论文的各级标题，而是重新整理和写作的一篇小而精的美文。所以不可不重视。

对读者而言，摘要是让读者迅速了解论文主要内容和核心观点的便捷途

---

① 朱全娥：《编辑对学术论文价值的初审判断》，载《中国科技期刊研究》2009 年第 4 期。

径。读者接触到论文后，第一步看标题只能大致了解作者的写作主体和范围，往往难以判断论文所研究的具体问题和创新观点，通过摘要，大体能够判断这篇论文对他而言是否有价值、是否需要进一步阅读。

对社会而言，摘要是社会筛选有价值信息和归类文章主题的重要途径。摘要形式的短小文章往往是政府决策部门和各级领导人浏览重要专家建议的浓缩文本形式(类似的有资政建言，报告、成果要点摘编)。在信息化时代，论文摘要能便利报刊汇编和读者查找。随着电子数据库和互联网的发展，网上检索已成为文献检索的主要手段，因此，在标题和关键词之外，论文摘要也成为读者检索文献的重要途径。

2. 摘要撰写规范

结合《摘要编写规则》的内容，撰写摘要需要熟悉如下要点：

一是关于摘要的类别。摘要通常分为：报道性摘要，即指明一次文献的主题范围及内容梗概的简明摘要；报道/指示性摘要，即以报道性摘要的形式表述一次文献中信息价值较高的部分，而以指示性摘要的形式表述其余部分的摘要。

二是摘要的详简。摘要的详简须根据一次文献(论文、报告等原始文本)的内容、类型、学科领域、信息量、篇幅、语种、获得的难易程度和实际需要确定。其中，文献内容是决定性因素。一般而言，篇幅越长、内容越复杂的摘要相应要详细些。另外，适用在不同语境和场合，摘要的长短也不一样。在信息爆炸、媒体众多的社会生活领域，报道性摘要和报道/指示性摘要一般以400字左右为宜；指示性摘要一般以200字左右为宜。专门性学术刊物上，摘要随内容而定，但原则性要求是言简意赅，只留筋骨。

三是摘要的构成要素。一般而言，摘要的构成要素涉及5个方面：(1)目的——研究、研制、调查等的前提、目的和任务，所涉及的主题范围。(2)方法——所用的原理、理论、条件、对象、材料、工艺、结构、手段、装备、程序等。(3)结果——实验的、研究的结果，数据，被确定的关系，观察结果，得到的效果，性能等。(4)结论——结果的分析、研究、比较、评价、应用，提出的问题，今后的课题，假设，启发，建议，预测等。(5)其他——不属于研究、研制、调查的主要目的，但就其见识和情报价值而言也是重要的信息。

四是摘要编写基本要求。摘要的撰写有必须要写的内容，也有一定不能使用的格式和语词。学者王丰年曾概括摘要撰写的9个误区，分别是：重复文章题目和标题的信息；语言缺乏学术化色彩，如有的摘要使用了比喻的修辞方法，甚至还有口语式的语言；信息量太少，没有反映文章的创新之处；含义模糊；对自己的文章评价过高；重复某学科领域已成为常识的内容；描述文章的背景知识；描述文章的写作过程；谦辞。① 了解这些误区，对正确撰写摘要有很强的指导意义。一般而言，撰写一个合格的摘要主要有以下要求：

第一，摘要应客观、如实地反映一次文献，切不可加进摘要编写者的主观见解、解释或评论。

第二，摘要应着重反映新内容和作者特别强调的观点。

第三，摘要应排除在本学科领域已成常识的内容。不要陈述本学科领域已成为常识的内容，避免抽象、笼统空泛的论述和结论，切忌把写作背景、选题意义、研究目的和研究价值等应在导言中出现的内容写入摘要。

第四，摘要不得简单地重复题名中已有的信息。因为有些题名只是界定了一个大致的论述主题或范围，而摘要的核心是要精练地概括出观点性的内容，反映的是作者的价值判断、决策智慧和具体创新成果，让读者一看就知道作者通过怎样的思维路径进行论证，支持什么、反对什么，对问题提出了怎样的解决方案。

第五，摘要书写要合乎语法、保持上下文的逻辑关系，尽量同作者的文体保持一致。摘要是一篇完整的短文，要做到意思连贯、语言简明、用词精到。

第六，摘要结构要严谨，表达要简明，语义要确切。几百字左右的一般不分段落，硕士学位论文和博士学位论文摘要可以分段落，但应该是逻辑连贯、层次合理的一篇文章。

第七，摘要要用第三人称的写法。可采用"对……进行了研究""报告了……现状""进行了……调查"等记述方法标明一次文献的性质和文献主题。

---

① 王丰年：《论当前学术论文摘要的九大误区》，载《科技与出版》2007年第9期。

摘要用第三人称叙述，使用一般现在时态。例如，应用"文章论证了""该文提出了"，而不用"我们(笔者)认为""本文将论证"等语，即不必使用"本文""作者"等作为主语，这与论文导论中提示文章观点或者写作框架往往用第一人称、将来时态具有明显的区别。当然，也可以按提出问题、分析问题和解决问题的逻辑理路，通过隐藏主语，使用其他连接词或转换语进行摘要撰写。这没有统一、固定的格式和用语，能够将论文内容和观点精准概括、形成客观介绍的文本即为摘要撰写之佳作。

第八，摘要不需要对观点进行注释。除非论文的主要贡献在于证实或否定他人已出版著作中的重大观点。摘要也不引用他人文献。在任何情况下，摘要都不得加引注。

学生特别是初学论文写作的本科生和缺乏训练的硕士生(专业学位的更普遍)撰写摘要存在的普遍性问题是，摘要几乎不涉及作者论文的主要内容和观点，相反浓墨重彩地大讲选题背景、意义、目的、理想和作用(对中国和世界发展或某个问题的巨大作用和贡献)等，似乎是急切地以这种"四面游说"的曲线、隐含的方式向老师或读者证明文章的价值，而不愿意或不知道如何通过文章的"事实"即内容和观点来阐明论文的立场和观点，从而让读者确信论文的价值。

(三)关键词

与摘要相伴随的是关键词。关键词是指最能体现文章所属学科，探讨主题、地域、核心概念或问题的核心信息。关键词可从标题中析出，但不限于此。既可以从一级或二级标题中选取，也可以从论文的核心观点和概念中确定。关键词的数量一般以 3~5 个为宜。关键词是词语(词组)，不是句子。关键词是阅读和理解论文的最基本概念，是区别于相关论文的特有标识，不能选取法哲学、法理学或法律等一般或通用概念或名词，如将"法哲学""法理""法律""法规""法律责任""国际法"等作为关键词是不当的，因为这些词语难以界定论文的特殊性和具体研究主题及范围，即使检索也无法迅速定位这篇论文的具体问题，而是检索出含有诸如"法律""规范"等的成千上万篇论文，从而也失去了论文关键词具有的检索功能。

三、导论

(一)切入主题的方式

论文开头难,导论更有甚。对文章结构的传统要求可形容为"凤头、豹尾、猪肚皮",对文章开头要求短小而精美,既能很快切入主题,又能迅速引起读者的阅读兴趣。文章开头就是从什么方面、用什么语言切入,最好"一石激起千层浪"。好的文章,第一句话往往十分讲究,古今中外大家的文章,像司马迁、欧阳修、苏轼、毛泽东等的政法类或政论性文章的开篇导语都堪称这方面的典范,值得细细品味学习。

开头无定法,但也有迹可循。有用古代名人名言开篇的,如司马迁的《酷吏列传序》,开篇引用孔子等名人的话引出自己的观点。孔子曰:"导之以政,齐之以刑,民免而无耻。道之以德,齐之以礼,有耻且格。"老子称:"上德不德,是以有德;下德不失德,是以无德。""法令滋章,盗贼多有。"太史公曰:"信哉是言也!法令者治之具,而非制治清浊之源也。昔天下之网尝密矣,然奸伪萌起,其极也,上下相遁,至于不振。当是之时,吏治若救火扬沸,非武健严酷,恶能胜其任而愉快乎!言道德者,溺其职矣。故曰:'听讼,吾犹人也,必也使无讼乎。'""下士闻道大笑之。""非虚言也。汉兴,破觚而为圜,斫雕而为朴,网漏于吞舟之鱼,而吏治,不至于奸,黎民艾安。由是观之,在彼不在此。"有用概括性、观点性的总结语句开篇的,如苏轼的《留侯论》,文章开头说:"古之所谓豪杰之士者,必有过人之节。人情有所不能忍者,匹夫见辱,拔剑而起,挺身而斗,此不足为勇也。天下有大勇者,卒然临之而不惊,无故加之而不怒。此其所挟持者甚大,而其志甚远也。"之后引出论说对象"夫子房受书于圯上之老人也,其事甚怪"。也有用具体事实开篇的,如苏洵的《管仲论》开篇就陈述管仲死前和死后的事实对比引出对管仲的看法:"管仲相威公,霸诸侯,攘夷狄,终其身齐国富强,诸侯不敢叛。管仲死,竖刁、易牙、开方用,威公薨于乱,五公子争立,其祸蔓延,讫简公,齐无宁岁。夫功之成,非成于成之日,盖必有所由起;祸之作,不作于作之日,亦必有所由兆。故齐之治也，吾不曰管仲，而曰鲍叔。及其乱也，吾不曰竖刁、易牙、开方，而曰管仲。何则？"有用表达忧患心境和忠心开篇的，如诸葛亮的《前出师表》开篇说："臣亮言：先帝创业未半，而中道崩殂；今天下三分，益州疲敝，此诚危急存亡之秋也。然侍卫之臣，不懈于内；忠志之士，忘身于外者：盖追先帝之殊遇，欲报之于陛下也。"还有的是开门见山、直奔主题的，如毛泽东的《改造我们的学习》，开篇就说"我主张将我们全党的学习方法和学习制度改造一下。其理由如次"①，等等。可以说文无定法，全赖心源。但细究起来，文章开头总是基于特定的背景、较好较快切入文章的核心观点、服务于文章的论说效果。对于几万字甚至几十万字的学位论文，从何切入呢？这就要看论文是偏重于理论还是制度方面的研究，偏重于理论的，可以从理论争议、理论困境、先贤名言等开篇。如果是制度型的论题，就可以从实践困境、现实案例和制度阻却等描述入手，引出话题，导入主题，进行破题。有学者总结了几种常见的切入主题的方式，如通过开门见山、摆事实、列数据、举争议、交代背景、赋陈、断言、对比、起兴（包括名言、设疑、立异、意象）等进行开题。②

　　导论中提出的问题，往往是论文从头至尾贯穿始终的"经义"。好的导论，一读开头就知道作者要写什么，或者就被作者引导到一个他所设计的路线上去。当然，有的时候需要在开头做一些铺垫或交代，但一定不能喧宾夺主，不能因为需要有所交代，就忽略了问题本身。从文字篇幅长短来看，导论提出问题最好内控制在一段文字长度内。无论是好的研究还是好的作品，共同的特点就是在一开始就能让人知道其所要说明的问题是什么，而且能自始至终紧紧地围绕这个问题展开。

（二）导论的实质与要求

　　仅仅知道问题所在还不够，还要能把握问题的实质。想清楚问题是一回事，准确、精炼表达问题是另一回事。因此，开始写作时，无论选题、谋篇、

---

① 《毛泽东选集》第3卷，人民出版社1991年版，第795页。
② 参见凌斌：《法科学生必修课：论文写作与资源检索》，北京大学出版社2013年版，第78~88页。

布局，还是写作开头部分都要重视这一点，要想清楚自己的问题到底是什么。如果不清楚自己的问题是什么，不清楚自己的问题该如何表述，通常都是因为思考还不够，研究还不够，还不理解自己要处理的主题。只要问题没想清楚，就不要开始写作。衡量问题清楚的标准是，能用"一句话"把问题说清楚。明确的问题，通常就是一句话、一个简单的问句，特别复杂的问题也不会超过一段话。论文作为对外交流的方式和载体，在成功地提出问题后，往往需要顺带说明其重要性，因为，论文作者自己认为问题重要，但读者并不一定理解这个问题的重要性。所以，强调一下该问题的重要性，也是进一步引起共同关注和深度交流的前奏。论文重要性主要体现为两个方面：首先是问题的实践价值，即它对政治、经济、社会、文化和公民生活的影响。不要夸大这种实践意义，最好实事求是评价其直接影响和功能，不要随意就上升到为法治文明、法治国家、重大制度的完善提供指引之类的宏大话语，能解决一个实际问题或一类具体问题就很不错了。当然，任何一个法律问题的探讨，肯定对国家法治甚至人类法制进步有意义，尽管按普遍联系的观点，总有那么一点间接意义，但确实可以忽略不计，因为每篇法学论文都有这个意义。另外，法学研究，特别是对我国法治还不成熟的某方面的研究，大多论文喜欢引述外国制度来完善我国制度，尽管更多的是参考，但一定要阐释清楚，为什么需要引进这个制度而不是其他制度？这个制度与解决中国问题的内在契合性在哪里？切忌不能简单地邯郸学步。其次，除了实践意义，理论重要性也需阐释。一般而言，理论来源于实践，实践需要上升到理论，解决实践问题时需要在实践和理论两个维度上展开。实践问题的解决是理论支持或创新的结果。像近年来正当防卫案件、自愿助人案件、民事侵权案件的解决，反映出司法实践践行社会主义核心价值观，实现个案正义在刑法理论和民法理论上的价值。当然，需要注意的是，在实践上重要的在理论上不一定重要，只有当法律实践的问题在理论上具有可探讨性时，才可能有理论价值。所以，即使对于一些学术界讨论过，似乎是"盖棺定论"的问题，只要自己认为理论上存在谬误，或者不够完备，论文作者在文章的开头可以直接指出以往研究的局限，以辩驳形式直接点出这个问题的重要性。

导论的长短视论文的长短和要讲清的事项为准。一般而言，论文较短的，一两段文字即可，几十万字的，导论可能几千字或上万字。有时也与讨论的主题是老问题还是新问题相关。老问题，学界都熟悉，要尽量简短，迅速导入主题；若是新问题，就需要一定篇幅告诉读者更多论文缘起和新在何处的"引线"，更好地导出正文，增加论文的理论与实践方面的当下意义和创新价值。如果导论部分篇幅较长，可以将导论单列一章，即"第一章　导论"；也可以用其他描述性的标题，如"第一章　问题的提出"。如果只有一个较短的引言，可以放在开头，不列为一章。

学位论文的导论(第一章)部分往往涉及选题缘起或问题的提出、文献综述、选题价值、研究方法、创新与不足等。

四、正文

(一)正文的重要性

正文是论文的主体部分，相对于其他部分，这是论文的核心，也是决定论文质量高低、能否通过的最关键部分。"正文是学术论文的主体部分，包括理论、实验、方法及主要论点、论据、分析、论证或讨论等内容。"[①]

(二)论证

正文的写作归结为一点就是论证，是围绕选题，将前期收集到的材料，结合文献综述所发现的问题和可能的创新点，运用一种或多种方法，按照一定的逻辑组织、分析材料，得出结论的过程。

论证是论文撰写中最训练思维严谨性的过程。哪怕是知名学者、学术大家，在论证的时候也可能存在逻辑跳跃形成的漏洞，定义观点前后脱节的情况。初学者和训练经验不足者更应该从思想上高度重视，从写作上进行适量有针对性的练习，经历必要磨炼，才能真正把训练成果内化于心，掌握论证的基

---

① 朱全娥：《编辑对学术论文价值的初审判断》，载《中国科技期刊研究》2009 年第 4 期。

本技能。

如何做好论证？首先要有明晰的论证意识，这既是一篇学位论文成为论文的前提，也是贯穿论文写作始终的理念。无论是采纳、反驳别人的观点，还是提出自己的观点，都需要以论证为支撑，不经过论证的观点是难以令人信服的。所以，那种仅仅引用别人的观点来证明自己的观点是苍白无力的，拿域外的法律法规或思想制度排列一通，接着主张说我国应该采用之，而不做充分、合理的分析，这种"拿来主义"的写作方法，实质就是严重的"论证缺乏症"。论证必须借助适当的论证方法，就像想吃树上的桃子，想法合理，但要达到这一目标，就需要借助一定的方法，或者爬树或者搭梯子，选择哪一种方法，取决于多种因素。同理，论文的论证也不可能有固定不变、普遍适用的方法，都是因论文的材料、主题和类型而定，但注意选择合适的方法是一篇论文成功的重要保证，有时也是创新点，像波斯纳运用经济学的方法分析法律和司法，就是方法创新的典型实例。许多学生写学位论文，基本上没有与人对话的意识，单向思维、自说自话，基本不去想读者可能会有怎样的质疑和辩驳？自己需要如何回应？如果缺乏这种意识，论文的论证就不可能很好地展开，所以论证是发散思维和辩证思维的综合体现，观点是在思想和语言的攻防博弈中逐渐确立起来的，只有经过了步步质疑、层层博弈之后的结论，方能产生令人心悦诚服的结论。而有些论文之所以逻辑混乱、漏洞百出，或者干脆拍脑袋下断语，说些没凭没据的话，深层的原因与此不无关系。这样的论文，即使它给了读者一个期待的结论，但由于论证过程的缺位或瑕疵，仍然失去了论文的价值，或者就不能称之为论文，而只能叫做"个人意见书"。作者应当时刻意识到，自己提出的每个观点乃至主张背后都有许多双眼睛在注视着。要想办法让他人信服，说话必须有根有据。一篇成功的论文，必须是一篇论证周详、严密、清晰的论文，好的论证也是作者走向学术成熟的标志。正如有学者指出的"能够规范、自如地运用论证方法，是一个学者成熟的标志；研究者能够普遍做到规范运用论证方法，则是一个学科成熟的标志"①。

---

① 何海波：《法学论文写作》，北京大学出版社 2014 年版，第 111 页。

正文是论文的主体，是论证自己观点的主干，其包含的内容概括为一句话就是："摆事实、讲道理"。事实就是可以用于证明观点的素材，法学论文的素材来源很广，文本、法规、案例、报道、典籍、档案、访谈调查等都可以成为我们论证观点的素材。其中文本的范围又涉及所有人文、哲学社会科学、自然科学方面的文章和著作。对于一些现实性、实践性和具体制度对策性方面的论文，选取和解读好法律案例是写好法学论文的重要途径。从某种意义上讲，法律是案例的集大成者，案例是法律的细胞组织，是支撑该法律规范生成的背后力量。没有大量的民事纠纷和侵权个案，就不会有民法的产生；没有严重危害社会和公民权利的行为就不会有刑法；没有层出不穷的国家和社会权力对公民权利侵害的个案，就不会有宪法和行政法的诞生。也可以说，所有法条的背后都有一个个当事人追寻制度正义道路、争取公平正义的血泪故事。甚至一些重大的宪法原则的确立与修改、判例的形成及违宪法律的废除都与个案相关。正如美籍华人学者、著名律师陶龙生所言："当我们深入观察宪法的发展，将会发现，小人物的抗争，在美国政坛和社会中，曾经引发历史性的改变。"①

改革开放 40 多年来，在我国法治建设的进程中，许多的案例、许多不知名的小人物为法律规范、法律制度的改变和完善做出了巨大贡献。案例之所以重要，是因为案例包含了大量的信息，不仅是相关法理和部门法规范的大汇聚和选择取舍，而且典型案例往往综合了一个时代最突出的法律问题(症结)、提出或解决了重大的理论和实践问题。因此，案例可以成为写作的尤其是法律写作的重要素材。仔细地研读案例、提炼出里面的重要情节、提升其中的理论含量，这些工作的意义不仅在于分析和研究某个案例，更在于为我们的写作、研究提供灵感，启发我们理解问题的不同层面。更重要的是，法律和法学研究的实践品格，最需要兼具理论和实践双重价值的社会事实，基于这种鲜活案例产生的灵感和启发不是凭空想象，而是根植于现实，来源于法治实践的回应和探索。所以，论文中能引用案例支撑观点和展开论证的，最好将案例作为研究

---

① 陶龙生：《弱者的抗争：美国宪法的故事》，中国政法大学出版社 2014 年版，(自序)第 5 页。

的素材，这会大大增强论文的现实意义和理论价值，也有利于材料的多样化和论证的充实性。另外，通过调查统计等方式获得的第一手材料也是很好的论证素材。当然，案例也不仅仅局限于当下，古代的案例也是可以作为论文研究的素材，选取的方式全赖于论文的论题是否需要。

需要注意的是，从事实中并不必然会得出价值判断，需要通过一定的逻辑思维，即要讲道理。讲道理实质上是对一系列有关联的事实的选取和分析的过程，是揭示事物发展过程中关联要素的内在联系和必然结果，要做到这一点，就需要借助一定的论证手段，比如研究方法，通过一定的研究方法对法律规定、案例和事实等素材加以分析，利用一定的理论资源与学说范式进行解析或建构。

五、结论

结论既可以是论文正文的一部分，也可以作为附属部分，因为不是所有的论文都有或者都需要单独设置结论部分，因此，结论也可被称为结语，一篇文章写到什么时候终止，看起来不是个问题，但实际上却是个问题。①

如前文所述，由于受论文主体、焦点、篇幅、资料、能力和时间等诸多因素的限制，论文会存在不完满之处，或意犹未尽，或无暇顾及某些问题，或论述得不够深入，期待未来或他人进一步研究；或文章太长，问题庞杂、观点纷呈，可以再精炼概括一下，一为厘清重点和脉络，二则再做强调，所谓重要事情说三遍，重要论点写两次也不过分，因而就催生了结语这一不一定是狗尾续貂的部分。学位论文以求真为本，是否需要全凭作者论述的完整性的自我衡量，不做强求。但既然不少论文涉及此部分，在此略作介绍。

也许是一种基于对称美和问题回应的考虑，论文由导论引出了问题，最后做一个结论看是否满足了写作的初衷，完成了预定的目标。对作者而言，结论是对论文主题经过论证所得观点的总结；对读者而言，结论是再一次提醒其注

---

① 需要区别通过论证后形成的论文结论，如有学者认为，科技论文的正文中的"结论"是在理论分析和实验验证的基础上通过严密的逻辑推理而得出的富有创造性、指导性、经验性的结果描述，它以自身的条理性、明确性、客观性反映了论文或研究成果的价值。参见朱全娥：《编辑对学术论文价值的初审判断》，载《中国科技期刊研究》2009 年第 4 期。

意论文的主要贡献和不足，甚至还隐含告诉读者未来还有进一步完善的方面，谦虚表达中不忘追求进步。对于一万字左右的论文，结论或结语可简要归纳一下，省略也行；对于几万字乃至十几万字及更多字的论文，有个结论还是比较好的。有结论的好处是，当读者读完以后思绪散乱，印象不深，不知所归时，如果有一个恰如其分、略作回顾的结论，就可以使读者重温文章主旨，收回思绪，或提供进一步研究的空间和思路，对后学者有启示之功，对作者本人有欣慰之效，于人于己，皆有利。

结论者，终结之论断也。只总结研究成果，不能提出新的观点或者论据。有的学生写到结论，又不知不觉提出新的问题，甚至又摆开架势，准备"新的长征"，另立山头，这需要避免。当然，如果在文章主题之外确实还要说些相关的东西，怕引起误会或进一步澄清与论文有关的问题，可以把"结论"改为"余论"，但切记不要画蛇添足。古人说，"结句当如撞钟，清音有余"，一个精彩的结尾，如同一曲终了而余韵悠长。

六、作者信息、题注、引注、附录和参考文献

(一)作者信息

文章的作者署名是对作者劳动成果的尊重，也是对文责自负、责任追究的证据。论文作者分为集体作者和个人作者，有时集体作者合作的，基于某种原因，不署参加者个人的姓名，如我国 20 世纪 60—80 年代，许多著作和论文署名"×××编写组"，现在有些政论、社论文章及合作撰写的宣讲类、解读类和集体成果结项类书籍也有这种署名，也有用谐音或笔名署名的，可能是基于政治方面的考虑，学位论文和公开发表的学术研究论文都是需要署名的。许多学校还规定，研究生在读研期间发表的论文还需要挂上导师的姓名、学校名称，个中深意多多，充满着学校、学科、学位点和师生个人的各种利益考量。在论文表征着能力、考核和职称晋升等硬性指标的当下，"挂名"得利的双赢甚至多赢但不合法的现象时有显现，成为学界沉疴和管理难题，需要加强法律规制和行业自律。论文署名应当实事求是，否则既是一种道德失范行为，也是

一种侵权和违法行为，弄不好还会造成株连，所谓"一荣俱荣，一损俱损"，"城门失火，殃及池鱼"，每一个论文作者和动机不良的挂名者都需要恪守道德和法律的底线。

作者信息，一般在脚注中注明，也有的在文章标题下面注明，不同刊物的要求不同，信息内容大致包括姓名、性别、籍贯、出生年月、工作单位、职称职务、学历学位、研究领域、联系电话、邮编等。

(二)题注(后记)

学术论文的写作，可能基于不同的缘由和机缘，也可能是他人启发和帮助的产物，作为一种对外发布的产品，在作者兴奋之余，希望又由衷感谢给予帮助的人，如果将有些感恩或礼节性的表达附于文末，显得真诚可爱，也让读者了解写作道路上的艰辛和不易，偶尔还有些有趣的花絮与人分享。如果是获得某种项目或基金的资助而产生的成果，也真诚表达对资金支持方的感谢，同时也是向项目管理单位提供信守承诺、证明完成了任务的"凭证"，基于种种良善的愿望，只能将感激之情附于题后注明几句。因此，题注的产生和功能是多方面的，一般用来说明论文写作的起因，相关论文的发表情况，对于他人的资助、帮助、指导、评议表示感谢，对于提供资料和启示的人、参考的成果等一并表达谢意。

在学位论文中，由于学生身份，加之感谢缘由相对单一，即绝大部分是对老师悉心指导的谢意，也有对调研对象或合作单位的感谢，所以，放于正文之后，用"致谢"或"后记"代替。①

题注要实事求是，对于基金项目之类的，要写明名称、批文号，再加一句

---

① 古代后记也称为跋，文体的一种，写在书籍、文章或书画作品、金石拓片等后面的短文，内容大多属于评介、鉴定、考释之类。如宋代李清照的父亲李格非在其著作《洛阳名园记》的跋中点出写作的深意：且天下之治乱，候于洛阳之盛衰而知；洛阳之盛衰，候于园圃之兴废而得：则《名园记》之作，予岂徒然哉？呜呼！公卿大夫方进于朝。放乎一己之私，意以自为而忘天下之治忽，欲退享此乐，得乎？唐之末路是矣。通过最后解释写作缘由，揭示了作者意图说明公卿大夫追求个人利益和奢华，无心理政，这是王朝将亡的重要征兆。这类跋与现在的后记在功能上也有异曲同工之妙。

"感谢×××的支持"即可；对于为论文做出实质性贡献的，可写具体一点，但尽量简明扼要，点到为止，不必写过多溢美之词，情真意切即可。为了避免万一因文招祸导致事与愿违，可以补充说"错误和不当之处概由本人负责"。西方著作中往往将这些感谢类文字放在前言或序言中，其意义和作用是一样的。

（三）附录

附录一般是不便于放在正文中，避免影响读者阅读而置于文末，做资料之补充、图表的放置、文献引用的说明、法律法规等归并。

（四）引注（注释）和参考文献

引注（注释）和参考文献是论文撰写规范中非常重要的内容，在适当位置（页脚或文章末尾）标注具体的参考文献信息即为引注，直接反映出作者的写作态度和治学严谨性，通过引注还能看出作者阅读资料的层次、广度和深度，甚至也是判定论文创新的视角。"如果你面对的是一篇学术性的论文，那它引用的文献应该是这一领域最具影响和权威的几篇文献；若该论文所引用的参考文献都是最新文献，表明作者掌握了最新的学术动态，则在一定程度上避免了重复性工作，说明该选题有可能具有一定的创新性或前瞻性。若将这些最新文献中的有关内容作为论题，展开新的论证，提出新见解或有新发现，则表明不仅该项研究起点新，而且更加深入。"[1]是否有引注（参考文献）能反映出作者对他人是否尊重和法律意识的有无。引注信息还有方便其他作者验证信息和进一步查阅资料、深入研究的功能，也是出版单位进行出版规范化，推进学术规范化、诚信化的重要举措。尽管不同期刊和出版社对于著作和论文的引注和参考文献的具体格式有不同要求，但基本的信息要素是共同的。

法律引注是法学学位论文写作中极其重要的规范，指的是在书写法律文书

---

① 朱全娥：《编辑对学术论文价值的初审判断》，载《中国科技期刊研究》2009 年第 4 期。

或法学著作时，对文中所引用的法律依据或者文献，注明其出处。这里的法律文书包括诉状、辩护状、证词、法律意见书、备忘录等；而法学著作包括法学评论文章、专著、教材、法律实务指南等。法律引注不仅能帮助读者了解和印证法源、证据和别的法律工作者的观点，而且有助于增强作品的逻辑说服力，展现作者的工作和治学态度。

法律引注对作者和读者来说都有益处。对作者而言，法律引注有利于增强作者论证的说服力。法律文书和法学著作要有说服力，一定要援引现行有效的法律，或者援引法理上的概念，法学家、政治领袖甚至是其他法律工作者的观点为依据，所谓"他山之石，可以攻玉"，可能有学生会追问，为什么一定要用他人的著作或名人伟人的观点？不是常常听说，不能因人废言吗？只要是在理的话不都一样吗？这里就涉及话语权和证明力的问题，心理学和相关实践证明，专门从事某种事（职）业的人，对其经历和体验的东西的认识、总结更具有可信度和真理性。经历过更多考验和历练而最终胜出的专家及伟人，见多识广，且自身有比一般人较多的成功经验做支撑，因而其观点的可信度更大。

从经验的角度说，我们采纳这些专门人才和成功人士的观点，是一种在比较中择优的证明方法，也是选择一种相对更可靠的间接经验的方法。同时，由于人类经验的可传承性和待处理事情或矛盾的相似性，使我们运用这种方式能最大限度节约论证成本，而且基于专家信任和名人效应，更容易获得共同理论认识和价值认同，整体上有利于人类行为的稳定、可预期的规范指引。这也是人类文明传承和心理积淀形成的文化效应，是人类在行为模仿和权威认定上的智慧，因为同时代的人、彼此行为和经历相近的人，一方要形成对另一方的权威除非经过生死等重大非难考验，否则彼此不服，但如果寻求中立的第三方的观点支持，则会形成比较优势。所以，古今中外都会在争论和论证中引用所谓先哲先贤的话支持自己的观点。实际上是人类从神的崇拜向先哲先贤崇拜的进化，折射到说理行为时，避免了彼此对抗带来的不必要的能量消耗。

从功利的角度看，借用对我方有利的现成观点，成本最小，功效最大。如此，便可理解为何中国封建社会几千年延续着儒学思想的主导，强化孔孟之学和四书五经，使治理的思想权威越来越不可怀疑。其中，固然有儒家思想相比较而言的更有利于社会教化、秩序稳定的功能，也有传承成本相对较小的考虑。如果另起炉灶，重新树立新的治国思想，则很难实现，因为在封建社会既不具备足够强大的宣传机器与传播渠道，也要经历几十年之久的观念巩固，老百姓和基层社会还不一定认同，毕竟老百姓的生活有一个路径依赖的问题。所以，历代入主中原的少数民族最后都继承或承认儒家思想的精神统治地位，是有其必然性的，当然最根本的原因是中国封建社会的经济基础没变。当然，引用他人著作和名人伟人的话也不是绝对的，也首先要经过作者的价值观审视和知识、常识的判断，也包括须经受当下实践的检验。另外，一本著作能出版也是先经过出版社审查，只有符合了出版规范才能面向国内外公开发行的。一旦论文被多位同行或专家质疑引用或应当引用的著作、资料严重不足时，就表明该论文的研究还有待更多地挖掘资料，继续深入研究。所以，法律引注可反映作者治学的严谨以及参考和阅读有关文献的深度和广度。

对读者而言，益处更多。法律引注的规范和详细，一是可直接方便读者和编辑按作者所提供的引注来查阅所引用的法律条文、判例、证据或者他人的观点，以印证作者所引用的法律观点是否与原文相符合；二是当引用法律时，有助于读者判断所引法律的分量；三是帮助读者和编辑清楚作者的论据以及有关的参考文献书目，从而判断撰写的论文或著作的价值并核对资料的真实性，也有防止侵权的考虑。

所以，作者在论文中直接或间接引用的任何文献或者引用他人的理论、观点借以支持自身论点时，必须加引注。而当作者有必要对文中的某些观点进行资料性的补充说明或者对文中的某些不常见的专有名词、术语或史实作必要的解释，而此种说明或解释如写入正文，可能打断正文行文的流畅，令文脉不清，造成读者理解上的困难时，则也需加引注。这种注释为解释性注释。

现在学生一般都用微软或 WPS 操作系统插入批注，按照学校或刊物等的要求进行当页脚注或尾注。如果注释采用页下注即页底脚注的形式，或每页重新编排，再选择"整篇文档"，便于整篇论文修改时不因插入新的脚注或删除脚注而影响其他脚注。正文中之引注编号用阿拉伯数字标注于相关语句标点前/后的右上角。如用微软的文字处理软件(MS Word)，可按 Word 文档中"插入脚注"或"插入章后注"功能使注释自动产生，符号可使用阿拉伯数字1、2、3或①②③等。标题注与作者注可以星号或其他符号单独排序。

引注应包含便于查找文献(来源)的必要信息要素，一般而言主要有：(1)主要责任者(包括制定者、颁布者、作者、撰稿人、主编、编者、译者、整理者等)；(2)文献标题(包括法律法规名、案例名、书名、文章名等)；(3)页码(包括卷、部、章、节、条、款、目、项、段号码等)；(4)出版或发表事项(包括文献的出版地、出版社、发表者、颁布者、产生者、版次和出版时间等)。

若所引用文献为专著，可以不特别说明责任方式，径以冒号"："表示，如司马迁：《史记》；若为"编""主编""编著""整理""校注""翻译"等其他责任方式，则应注明，如"李龙主编：《良法论》"。两个或两个以上责任方式相同的责任者，用顿号隔开；有三个以上责任者时，可只取头两个责任者，其后加"等"字。责任方式不同的责任者，用逗号分开；译著的翻译者及古籍的点校者、整理者等应置于文献标题之后，如[英]戴雪：《英宪精义》，雷宾南译，中国法制出版社2001年版。责任者包含于著作名时，不必另行标注责任者，如《马克思恩格斯选集》(第1卷)，人民出版社1995年版。责任者可以是公司行号、政府机构、社团组织、事业单位、社团法人，也可以是自然人。

关于论文的参考文献。多数法学期刊论文将参考文献在引注中标明，不在文后另列。学位论文通常要求在文后单独列出完整的参考文献目录。一般来说，参考文献中所列的论文或著作应当是作者在论文中引注过或提及过的文献。也包括参考了但没有直接引用的，但从学术道德和学术诚信的角度看，没有翻阅过或不相关的文献不要列为参考文献，否则有"假参考"补充参考文献数量不足之嫌。依据《文后参考文献著录规则》(GB/T 7714—2015)，文后参考文献的著录信息源是被著录的文献本身。专著、论文集、学位论文、科技报告、专利文献等可依据书名页、版本记录页、封面等主要信息源著录各个著录项目；专著、论文集中析出的篇章与报刊上的文章依据参考文献本身著录析出文献的信息，并依据主要信息源著录析出文献的出处；缩微制品可依据题名帧、片头、容器上的标签、附件等著录；光盘依据标签、附件著录；网络信息依据特定网址中的信息著录。

关于参考文献的排列次序,没有一定之规,但有习惯性做法。结合法学学位论文,一般说来,大的原则是先专著,后论文;先中文,后外文;先经典后普通。也可以按照著作或论文在论文中出现的先后顺序,即按照作者、题名、出版时间的顺序逐项著录,但排列出来较杂乱。还有采用"作者—出版年制",即首先根据文种归类,然后按照文献作者的字母(拼音)顺序排序,同一作者有多篇文献的按照其出版先后排列。按作者姓名顺序排列,则方便读者查找。涉及马克思恩格斯等革命导师的经典著作时,放在最前面为好。

第六节　伦　理　规　范

一、论文伦理的重要性与基本法律规制

学位论文是一种科学研究活动,作者怎么选题?选什么题目?用做什么目的?怎样合理借鉴和适用别人的研究成果?"文以载道"的社会责任如何落实?违反学术道德的行为如何判定?承担什么后果?……这些都指向论文写作的道德伦理规范问题,往大里说是一个学术伦理的问题。学术伦理是指学术共同体成员应该遵守的基本学术道德规范与在从事学术活动中必须承担的社会责任和义务,以及对这些道德规范进行理论探讨后得出的理性认识。基于我们探讨的主要是学生的学位论文,以下主要就学位论文中的伦理规范做简要阐述。

无论是国际上还是国内,科学研究都是有法律规制的。即使自然科学这种看起来似乎只处理人与自然的关系领域,伦理问题依然成为科学研究的基本规范之一。如世界各国都禁止克隆人,都禁止通过基因编组改变人的出生状态。人文社会科学研究就与人伦更加密切相关,古今中外历朝历代都禁止出版(列为禁书)或销毁严重败坏风俗和威胁社会道德底线的著作,严重的还追究刑事责任。现代社会,对科学研究的道德伦理规范和法律保护、制止侵权行为等法律构成了相对完善的体系。任何人从事科学研究,涉及域外或国际上的知识产

权保护的，应该遵循国际知识产权保护的有关条约和协定，包括国际上对学术论文的伦理要求。就我国国内而言，都应严格遵守《著作权法》《专利法》《科技工作者科学道德规范(试行)》等国家有关法律、法规。作为学生还要遵守教育部的规章，近年来国务院学位委员会、教育部针对高校学术道德失范和学术不端行为，出台了一系列规范性文件。包括《教育部关于严肃处理高等学校学术不端行为的通知》(教社科〔2009〕第3号)、《国务院学位委员会关于在学位授予工作中加强学术道德和学术规范建设的意见》(学位〔2010〕第9号)、《学位论文作假行为处理办法》(教育部令〔2012〕第34号)、《国务院学位委员会　教育部关于加强学位与研究生教育质量保证和监督体系建设的意见》(学位〔2014〕第3号)、2016年实行的中华人民共和国教育部令第40号《高等学校预防与处理学术不端行为办法》、《教育部办公厅关于进一步规范和加强研究生培养管理的通知》(教研厅〔2019〕第1号)等，这些规范性文件对学位论文的写作和基本学术道德进行了规范。特别是《高等学校预防与处理学术不端行为办法》(以下简称《办法》)从总的原则、教育和预防、受理与调查、认定、处理、复核、监督等方面进行了较全面的规定，具有较强的可操作性，并授权和要求各高等学校应当根据该办法，结合学校实际和学科特点，制定本校学术不端行为查处规则及处理办法，明确各类学术不端行为的惩处标准。有关规则应当经学校学术委员会和教职工代表大会讨论通过。

二、学术不端行为及处理

作为学生最需要明白的是哪些行为构成学术不端，按照《办法》第27条的规定，下列行为应当认定为学术不端行为：

(1)剽窃、抄袭、侵占他人学术成果；

(2)篡改他人研究成果；

(3)伪造科研数据、资料、文献、注释，或者捏造事实、编造虚假研究成果；

(4)未参加研究或创作而在研究成果、学术论文上署名，未经他人许可而不当使用他人署名，虚构合作者共同署名，或者多人共同完成研究而在成果中

未注明他人工作、贡献;

(5)在申报课题、成果、奖励和职务评审评定、申请学位等过程中提供虚假学术信息;

(6)买卖论文、由他人代写或者为他人代写论文;

(7)其他根据高等学校或者有关学术组织、相关科研管理机构制定的规则,属于学术不端的行为。

《办法》第28条进一步规定,有学术不端行为且有下列情形之一的,应当认定为情节严重:

(1)造成恶劣影响的;

(2)存在利益输送或者利益交换的;

(3)对举报人进行打击报复的;

(4)有组织实施学术不端行为的;

(5)多次实施学术不端行为的;

(6)其他造成严重后果或者恶劣影响的。

关于学术不端行为的处理,《办法》第29条规定,高等学校应当根据学术委员会的认定结论和处理建议,结合行为性质和情节轻重,依职权和规定程序对学术不端行为责任人作出处理,如果是学生有学术不端行为的,还应当按照学生管理的相关规定,给予相应的学籍处分。学术不端行为与获得学位有直接关联的,由学位授予单位作暂缓授予学位、不授予学位或者依法撤销学位等处理。当然学生也有相应的救济权,《办法》第33条规定,学术不端行为责任人对处理决定不服的,可以在收到处理决定之日起30日内,以书面形式向高等学校提出异议或者复核申请。但异议和复核不影响处理决定的执行。

三、基本学术道德规范

除了法律法规的规定外,还有在实际研究活动中出现的一些基本的学术道德规范也应该遵守。

(1)在学术活动中,必须尊重知识产权,充分尊重他人已经获得的研究成果;引用他人成果时如实注明出处;所引用的部分不能构成引用人作品的主要部分或者实质部分；从他人作品转引第三人成果时，如实注明转引出处。

（2）合作研究成果在发表前要经过所有署名人审阅，并签署确认书。所有署名人对研究成果负责，合作研究的主持人对研究成果整体负责。

（3）在对自己或他人的作品进行介绍、评价时，应遵循客观、公正、准确的原则，在充分掌握国内外材料、数据基础上，做出全面分析、评价和论证。

（4）尊重研究对象（包括人类和非人类研究对象）。在涉及人体的研究中，必须保护受试人合法权益和个人隐私并保障知情同意权。

（5）在课题申报、项目设计、数据资料的采集与分析、公布科研成果、确认科研工作参与人员的贡献等方面，遵守诚实客观原则。搜集、发表数据要确保有效性和准确性，保证实验记录和数据的完整、真实和安全，以备考查。公开研究成果、统计数据等，必须实事求是、完整准确。对已发表研究成果中出现的错误和失误，应以适当的方式予以公开和承认。

（6）诚实严谨地与他人合作。耐心诚恳地对待学术批评和质疑。

（7）对研究成果做出实质性贡献的有关人员拥有著作权。仅对研究项目进行过一般性管理或辅助工作者，不享有著作权。合作完成成果，应按照对研究成果的贡献大小的顺序署名（有署名惯例或约定的除外）。署名人应对本人做出贡献的部分负责，发表前应由本人审阅并署名。

（8）不得利用科研活动谋取不正当利益。正确对待科研活动中存在的直接、间接或潜在的利益关系。

学术界对学术不端有学理上的界定，认为学术不端行为是指，在科学研究和学术活动中的各种造假、抄袭、剽窃和其他违背学术活动公序良俗的行为。有的将学生学术道德不端行为归纳为：

（1）抄袭、剽窃、侵吞、篡改他人学术成果。在学术活动过程中抄袭、篡改他人作品等成果，剽窃、篡改他人的学术观点、学术思想或实验数据、调查结果；违反职业道德利用他人重要的学术认识、假设、学说或者研究计划等行为。

（2）故意做出错误的陈述，捏造数据或结果，破坏原始数据的完整性；伪造、拼凑、篡改科学研究实验数据、结论、注释或文献资料等行为。

（3）伪造学术经历。在评奖、评优、奖助学金评定等申报材料填写有关个人简历信息及学术情况时，不如实报告个人简历、学术经历、学术成果，伪造专家鉴定、证书及其他学术能力证明材料等行为。

（4）成果发表、出版时一稿多投。

（5）未如实反映科研成果。虚报科研成果，或重复申报同级同类奖项，或随意提高成果的学术档次，在出版成果时未如实注明著、编著、编、译著、编译等行为。

（6）不当或滥用署名。未参加科学研究或者论著写作，而在别人发表的作品等成果中署名；未经被署名人同意而署其名等行为；在科研成果的署名位次上高于自己的实际贡献的行为；未经被署名人允许的随意代签、冒签；损害他人著作权，侵犯他人的署名权，将做出创造性贡献的人排除在作者名单之外。

（7）采用不正当手段干扰和妨碍他人研究活动，包括故意毁坏或扣压他人研究活动中必需的仪器设备、文献资料，以及其他与科研有关的财物；故意对竞争项目实施不正当竞争行为。

（8）参与或与他人合谋隐匿学术劣迹，包括参与他人的学术造假，与他人合谋隐藏其不端行为，监察失职，以及对投诉人打击报复。

（9）其他与学术研究密切相关的背离学术诚信的行为。

通过以上这些概括的列举，可以发现，随着互联网技术的发展，学位论文的学术规范和诚信审查变得越来越严格，希望通过复制粘贴就完成学位论文的时代一去不复返了，含引注的文字复制比不超过 30%（有的学校比例更低、要求更严格），这使得通过严格的思维训练、扎实的专业基础知识、对法律现象的深度关注和思考、对法律实践的深度参与、对法学论文的日常训练变得越来越重要。当然，机械的文字复制比存在不少缺点和疏漏，也不是提高大学生写作能力、保证写出合格学位论文的有效机制，一些学生为了降低复制比而有意改变汉语语法和词汇、句子的表达方式来应付过关的现象值得警惕，这种行为其实也是一种学术不端行为，需要制定相关规范，采取有力措施加以克服。这种行为的后果甚至比复制比超标但认真写作的学生更加严重，它不仅仅是在破坏规则，而且还败坏学风文风，是对学位论文价值目标和基本要求釜底抽薪式的摧毁，需要细化相关规范，并在论文写作教育、评阅、答辩、审查等方面加强防范和处理，尤其是在答辩完成后最终提交的文本中发现情节严重的，经学院和学校学术委员会评议通过后，给予相应处分直至取消学位。另外，学位论文还应符合社会公德要求，不得发表违背社会公德的观点。总之，学位论文写作者要恪守学术道德规范和法律底线，坚持实事求是的探索真理、尊重学术规律、崇尚严谨求实的学风，勇于探索创新，维护学术诚信，承担学术者应担当的社会责任和义务，不负韶华，成为有益于中国和人类法治文明进步的法律人。

第三章　法学论文的研究方法

第一节　研究方法概述

学位论文的质量取决于内容和形式的统一，创新的思想和观点需要通过适当的形式(论证过程和方法)展现出来，产生读者认同和信服的效果，并影响其他人的思想和行为。就论文而言，研究方法服务于论题的形式，无论多么新颖和深邃的思想观点，如果不能借助适当的方法展现给读者，最终也只能是待字闺中，难以为外人知晓和认同。对此，不少学者高度评价论文的内容与形式统一的重要意义。有的学者认为："合格的、具有较高质量的学术论文、著作一般应具有以下四个基本特征：学科性、创新性、科学性、内容与形式有机统一，具有较高的写作水平。"[1]也有学者认为："判断社会科学类学术论文质量高低的评价标准主要包括原创性、学术性和科学性。"[2]还有一个标准就是学术界最常说的"三新"，即新材料、新方法(新视角)、新观点。

从学位论文写作看，在人文社会科学和自然科学研究领域，一般会运用到的具体研究方法有：(1)调查或统计分析法。调查法是科学研究中最常用的方法

---

[1]　张积玉：《编辑心理与作者撰稿投稿》，载《宁夏社会科学》2005 年第 1 期。

[2]　周义程：《社会科学类学术论文：评价标准、写作步骤及要领》，载《社会科学管理与评论》2013 年第 4 期。

之一。它是有目的、有计划、有系统地搜集有关研究对象现实状况或历史状况的材料的方法。它综合运用历史法、观察法等方法以及谈话、问卷、个案研究、测验等科学方式，对调查搜集到的大量资料进行分析、综合、比较、归纳，从而为人们提供规律性的知识。调查对象的数量、代表性等因素影响调查的质量，调查结论和观点需要在统计基础上得出方具有可信度。调查过程中，学会观察也是十分重要的技能。(2)实验法。实验法是通过主支变革、控制研究对象来发现与确认事物间的因果联系的一种科研方法。它是自然科学研究最常使用的方法，随着社会的发展，人文社会科学的某些领域也在积极引入和使用。(3)文献研究法。文献研究法是根据一定的研究目的或课题，通过调查文献来获得资料，从而全面地、正确地了解掌握所要研究问题的一种方法。文献研究法是各种学科研究中常用的研究方法，以图书馆和网络平台提供的大量文档信息为前提条件。对法学研究而言，具有积极重要的作用，因为法律文献纵观几千年，馆藏十分丰富，法律的传承性更加彰显了法律和法学文献的重要性。(4)实证研究法。实证研究法是科学实践研究的一种特殊形式。通过设定研究目标，有目的、有计划地选取实践样本(素材)，根据观察、记录、测定与此相伴随的现象的变化来确定条件与现象之间的因果关系的活动。(5)定量分析法。在科学研究中，通过定量分析法可以使人们对研究对象的认识进一步精确化，以便更加科学地揭示规律，把握本质，理清关系，预测事物的发展趋势。法学研究长期以来侧重于定性研究，近年来定量研究逐步兴起，特别是司法领域的定量研究越来越受到重视。(6)定性分析法。定性分析法是运用归纳和演绎、分析与综合以及抽象与概括等方法，对获得的各种材料进行思维加工，从而能去粗取精、去伪存真、由此及彼、由表及里，达到认识事物本质、揭示内在规律。如通过对不同社会形态的法律现象的定性分析揭示不同的统治阶级的法的本质；通过对不同行为的各种表现特征的分析，认定归属宪法、行政、民事或刑事法律行为。(7)跨学科研究法。跨学科研究法是运用多学科的理论、方法和成果从整体上对某一对象进行综合研究的方法，也称"交叉研究法"。如法学领域的法社会学、法经济学、法人类学、法心理学、符号法学、语言学法学等。(8)个案研究法。个案研究法是认定研究对象中的某一特定对象，对其加以调查分析，弄清其特点及其形成过程的一种研究方法。在法学中比较普遍的是案例分析法。(9)功能分析法。功能分析方法是通过分析事物(或系统)的功能及其作用进而认识事物(或系统)特性及内部结构的一种科学分析方法。其主要目的是为了更有效地应用该事物(或系统),充分发挥其作用。(10)统计分析法。统计分析法是指通过对研究对象的规模、速度、范围、程度等数量关系的分析研究,认识和揭示事物间的相互关系、变化规律和发展趋势,借以达到对事物的正确解释和预测的一种研究方法。随着大数据和互联网提供的数据支撑及获取便利,法学研究中的调查问卷、某类裁判文书的分析、选举制度效能效果分析、刑事治安等领域都会大量用到统计分析。法学研究由之前的以定性分析为主逐步转向定性和定量分析互补和并重发展。(11)系统科学方法。系统科学方法是指系统论方法、控制论方法和信息论方法为代表的系统科学方法。除此之外,还有模型方法、信息研究方法、经验总结法、描述性研究法、数学方法等。

法学论文的研究方法实质就是论文的论证方法,即在选题确定后,通过什么方法分析资料并得出结论的思维逻辑,所以方法也是一种认识事物的逻辑进路,主要包括归纳、演绎和类比,这是人们分析事物、判断是非、作出决策和采取行动的基本思维模式。当然,要正确地运用研究方法,则需要系统学习或反复实践,即要么是通过理论指引,要么通过实践中的试错积累经验教训来实现。这三个基本的思维方式在法学研究中可具体化为多种更具体的研究方法。

法学研究的方法有多种,不同学者的看法和归纳不一样。

从最一般的层面看,理论与实践相结合的方法是最根本的方法。

要理解理论与实践相结合的方法,首先要清楚什么是"理论"?对"理论"下一个准确的定义是很难的,但又是非常必要的。明确的定义是科学研究成功的前提。没有明确的定义就不能清晰地思考、科学地认识所要研究的对象。按德国法学家魏德士的观点,要研究理论,最好从理论的产生开始。人的认识是基于观察和思考的共同作用。理论是指对特定事物的大量观察、经验和陈述进行系统地收集和整理。[1] 理论既然产生于对特定事物的观察,则被观察的事物

---

① [德]伯恩·魏德士:《法理学》,丁小春、吴越译,法律出版社2013年版,第9~10页。

应该是客观的、可测量的真实存在。但观察对象也可能存在于人的意识中(心理学的对象,如法律意识),这样的观察被所谓的记录语句、基础语句记录下来。如果已经积累了大量的记录语句,就可以对被观察的对象的某些长期性的特征进行归纳与总结,在此基础上概括出一般性命题。而一般性命题的建立形成了理论或者普遍理论的基石。理论的内容就是它对特定事物的规律进行陈述、说明和阐释模式。① 只有理论所提出的一般规则可以被记录语句证伪的时候,理论才成其为理论。② 当然,自然科学理论的证伪与法学理论的证伪既有联系也有区别。在他看来,将历史的研究和经验进行谨慎地、探索性地并不断自我纠正地一般化,称作理论。③ 理论的功能有二,即解释特定的研究对象(解释功能)、预测并解决该研究对象范围内的问题(预测功能)。④ 在实际生活中理论和实践总是不可能彻底分离的。绝大多数情况下,不可能存在无实践基础的理论或者无理论基础的实践。如果一个实践者,如法官或律师缺乏基本的理论知识,就不能称为优秀的实践者。理论和实践必须彼此引导、丰富和修正。⑤

通俗来讲,理论是指人们对自然、社会现象,按照已知的知识或者认知,经由一般化与演绎推理等方法,进行合乎逻辑的推论性总结,是关于事物知识的理解和论述,是"概念"组织起来的信息体系,是一种首先形成于大脑中的思想,借助语言表达出来,解释客观世界的现象和规律,通过一定的逻辑推理,预言事物发展的未来结果,帮助人们进行决策。

---

① [德]伯恩·魏德士:《法理学》,丁小春、吴越译,法律出版社 2013 年版,第 11 页。

② [德]伯恩·魏德士:《法理学》,丁小春、吴越译,法律出版社 2013 年版,第 12 页。

③ [德]伯恩·魏德士:《法理学》,丁小春、吴越译,法律出版社 2013 年版,第 12 页。

④ [德]伯恩·魏德士:《法理学》,丁小春、吴越译,法律出版社 2013 年版,第 13 页。

⑤ [德]伯恩·魏德士:《法理学》,丁小春、吴越译,法律出版社 2013 年版,第 13 页。

理论来源于实践，人们在不同类的社会实践活动中发现事物之间的联系，进而推演出来的概念或原理，或经过对事物的长期观察与总结，对某一事物过程中的关键因素的提取而形成的一套简化的描述事物演变过程的模型，是对客观事物的本质及其规律性的相对正确的认识，是经过逻辑论证和实践检验并由一系列概念、判断和推理表达出来的知识体系，不是一个显而易见的解释，而是具有一定的错综性和抽象性。

法学理论来源于古今中外几千年来的法治实践，是对法治发展规律和国家社会治理规律的高度概括性总结和提炼，始终服务于法治实践，并在法治实践中得到检验和发展。但任何理论形成之后都具有对立法、执法、司法和守法及法现象的解释力、引导力和裁判力，同时也表现出稳定性甚至保守性，在现实已经大大超越了理论解释力和指导力的时候，理论就成为一种解决当下问题或社会发展的阻力，要么发展理论，要么抛弃理论。理论联系实践既是法学和法律的实践品格所决定的，也是物质决定意识的认识和发展规律决定的。只有将法学理论与法治实践结合起来，才能发挥理论的指导作用，促进法治实践符合法治的基本规律和目标。同样，只有在法治实践中检验法治理论，才知道法治理论是否存在不足，如果存在不足，才能找到有针对性的发展方向和具体内容。当下建构中国特色社会主义的法治体系，只有在实践中总结抽象出来的理论，才能真正指导中国的法治实践。只有不断关注中国的法治实践，才能完善中国特色社会主义的法治理论，只有不断强化法学理论与法治实践的紧密结合，才能解决理论与实践"两张皮"的问题。所以，那种简单地引进西方法学理论来解释和指导中国的法治实践的做法显然是教条主义的，在法学论文写作中，这种简单地移植和论证是站不住脚的。介绍和借鉴西方的法学理论及成功经验，必须要结合中国法治的现实和问题，综合考虑中国的国家制度、体制、社会、经济和文化等诸多客观因素，才能取他人之长为我所用。

在法学论文写作中，法治现实问题的提出和对策建议如何借助适当的理论加以分析是一个普遍性的问题，然而，穷尽现有法学理论仍然难以对现实做出满意回答或无法指导现实问题的解决时，理论的修正或新理论的诞生就变得十分必要。同时，理论联系实际的研究方法，有利于区分法律问题的表象和本质，提出正当性、周延性、可操作性、可持续性的解决法律问题的方案。

由于理论与实践相结合是一个包含性很广、具有原则性、指导性的研究方法，因此，还需要结合具体的法学论文论题转化成更具体的研究方法。

从次一级或具体的方法而言，法学研究方法有多种，并且随着自然科学、管理科学、经济学、心理学和社会学等的发展，法学的研究方法也会不断增多。但即使实质同样的研究方法，名称表达也不尽相同，尽管所指可能一样或者近似。有学者总结法学研究最常用的方法包括：法解释学的方法、比较研究的方法、历史研究的方法、法经济学的方法、法社会学的方法。① 也有学者认为，论证方法必须服从论文主题，先有目标再谈方法。一般说来，法学论文涉及这样几个方面的主题：描述状况，解释法律，分析原因、功能和属性，提出政策建议等，相应的，论证方法也应当围绕这些目标而设。当然，在一篇论文里同时运用几种论证方法，尤其是在各个分论题之下各取所需，也是很正常的。② 描述状况的具体方法有好多种，像举例说明、统计数据和类比说明等。对于属性分析的主题，可以借助现有文献进行演绎推理，也可以通过归纳或比较的方法、概念辨析、理想类型（如模式）的建构来对有争议的属性或实务本质进行辨析。在进行原因分析时，要学会寻找内在的因果关系的联系，且是法律意义上的因果关系。而因果关系本身的复杂性也需要进一步细化，有多因一果、一因多果、多因多果等诸多情形，所以有时要区分主要原因和次要原因，以及原因背后的深层次原因。功能分析也是法学研究的重要方法，由于任何法律制度本身承载和发挥着特定的或一般性的社会功能，同时，功能也有明显的和潜在的分别，一般分析显见的功能比较容易，但要揭示潜在的功能则需要发挥普遍联系思维。同时，功能分析需要对功能的具体表现和效能进行评估，这更需要运用调查统计等方法了，所以，论文不可能仅运用一种方法就能完成论证的使命，而是以一种方法为主，融合其他方法一起为论题提供成分有效的论证。随着跨学科方法的交流和借鉴，经济学、社会学和心理学等学科研究中的

---

① 梁慧星：《法学学位论文写作方法》，法律出版社 2006 年版，第 77 页。
② 何海波：《法学论文写作》，北京大学出版社 2014 年版，第 20 页。

定量分析、定性分析、调查与概率、思想实验、社会和统计数据库等信息数据分析方法也被运用到法学研究中来，丰富了法学研究的方法。①

以下就主要的研究方法做概括性分析。

第二节　法解释学的方法

法学是研究法律现象的科学，主要以法律规范为对象（中心）展开研究，所有的研究都服务于如何建构更好的法律规范体系和更好地适用法律规范达到对社会有效调控的目标。所以既有一般社会科学研究方法的共性，更有法学学科研究方法的独特性。其中，重要的方法之一是解释学的方法。该方法产生的根本原因，是法律一刻也离不开在生活中的具体运用，而规范相对于复杂多变的现实而言，其简单性、稳定性、滞后性、事后裁判性和行为引导性决定了必须对规范进行合理解释才能确保社会秩序的稳定、法律的权威、当事人纠纷的解决和规则的重复使用，最大限度降低国家、社会治理和公民交往行为的成本，平衡不同利益主体的权利诉求，实现国家、社会和公民之间的良性互动、秩序共建、目标一致、成果共享。法律是一套规范体系，大多数法学论文都是围绕规范（法律制度或规范背后的思想）展开分析论证的，从法理、立法、执法、司法和守法等不同层面和环节来解读法律的方方面面。所以法律解释学不同于哲学解释，"哲学的解释，它要求从一种思想产物中揭示创作者放置其中的思想，这是一种思想的思考"。② 而"法学阐释要去努力探究的意志，是立法者的意志，即仅在法律中体现的国家意志"。③

---

① 参见凌斌：《法科学生必修课：论文写作与资源检索》，北京大学出版社2013年版，第185页以下。

② ［德］拉德布鲁赫：《法学导论》，米健译，中国大百科全书出版社1997年版，第169页。

③ ［德］拉德布鲁赫：《法学导论》，米健译，中国大百科全书出版社1997年版，第170页。

法解释学的方法包括狭义的法解释学方法和广义的法解释学方法。狭义的法解释学方法，是指明确法律文本(条文)的含义、构成要件、适用范围和法律效果的各种解释方法，如文意解释方法、目的解释方法等；广义的法解释学方法，除包括狭义的解释方法外，还包括用来补充法律漏洞的各种方法，如目的性扩张、目的性限缩等方法，以及针对具体案件事实对不确定法律概念予以确定的方法。如，以美国宪法为例，美国首席法官休斯就指出："宪法以广义条款勾勒了授予和限制权力的轮廓，须由解释来充实之。"①庞德在《法律史解释》一书中探讨了历史法学派理解法律史的方法以及它的解释与当时各种目的之间的关系。他梳理了法律史上的伦理解释和宗教解释、政治解释、人种学解释和生物学解释、经济学解释、著名法律人的解释和一种社会工程解释等出现的缘由和功能。② 在法学学位论文写作过程中，法解释学是贯穿其中的一种方法，无论是分析其他思想对法律制度的吸纳过程，还是制度的实施效果，规范间的冲突及适当含义的确定，司法判决的公正与否，完善法律制度和规则的建议等，都需要借助解释学的方法进行论证。

第三节　比较研究的方法

一般意义上的比较研究法，是指对物与物之间和人与人之间的相似性或相异程度的研究与判断的方法。就法学研究而言，主要是对不同法系、不同国家的法律或者法律制度进行比较，发现其异同及各自优点和缺点的方法。③ 作为一种研究方法，早在19世纪以前，一些法学家、思想家，如中国春秋战国时期的韩非、古希腊时期的亚里士多德、18世纪法国的孟德斯鸠等，都是进行比较研究的杰出代表，其著作、思想和比较的方法都对法学领域产生了深远的

---

① ［美］安修：《美国宪法解释与判例》，黎建飞译，中国政法大学出版社1999年版，第6页。
② 参见［美］庞德：《法律史解释》，邓正来译，商务印书馆2013年版。
③ 梁慧星：《法学学位论文写作方法》，法律出版社2006年版，第78页。

影响。但在法学领域产生广泛影响并形成一种系统的方法论则始于 19 世纪初，尤其是从 19 世纪中叶以后，伴随比较法学的崛起才开始的。比较研究的范围一般包括：(1)不同社会制度法律之间的比较；(2)同一社会制度的不同法律之间的比较；(3)不同法系的法律的比较；(4)属于同一法系的不同法律之间的比较；(5)同一地区或国家不同历史时期法律的比较；(6)同一时期不同地区法律的比较；(7)各种不同形式的法律之间的比较等。比较的方法，早期一般只局限于法律条文本身的比较，后期除了这种比较以外，人们开始对制定和实施法律的社会、经济、文化、传统等条件及其社会效果进行比较。由于比较研究的方法具有较强的实用性，加上当代不同社会制度和不同法系国家法律文化之间的影响、渗透日益加强，它越来越受到法学家的重视，并显示出广阔的发展前景。马克思主义法学方法论承认比较方法的重要意义，认为比较方法是运用唯物辩证法研究法律现象的具体方法，它应该建立在研究并揭示法律形式与制约着它的内容的客观联系的基础上，而不应停留在表面、脱离法律形式的内容而单纯就其形式进行比较。马克思、恩格斯、列宁的著作都曾为在法学研究中运用比较的方法树立光辉的范例，如恩格斯的《家庭、私有制和国家的起源》、马克思的《资本论》、列宁的《国家与革命》《论国家》①。清末法学家和修律大臣沈家本是比较法研究和应用比较法知识修订法律的先驱和重要实践者。他不仅撰写《历代刑法考》通过梳理历代刑法进行纵向比较，而且写作了大量包含比较研究的法学论文，如《寄簃文存》中收录的；不仅如此，他还按照清政府要求的"参酌各国法律，悉心考订，妥为拟议。务期中外通行，有裨治理"负责修律事务，进行中外法律的收集、比较、移植和具体立法工作。一般而言，涉及法律思想和制度的法学论文，比较的方法是必需的，区别只是在于分量的多少。

法学比较研究的范围可以大到法系小到法律概念。在比较法理论中往往区分为宏观比较和微观比较。微观比较与宏观比较的作用和意义各有侧重，前者

---

① 孙国华主编：《中华法学大辞典》(法理学卷)，中国检察出版社 1997 年版，第 139页。

是对属于不同法律秩序的法律规范和法律制度进行比较；后者则是为了划分法圈或法系、而对支配各个法律秩序的整体结构或它们各自的特殊形态作出阐明。① 总体来看，微观比较仍占压倒性多数，也就是确认构成各个法律秩序的法的基本粒子，即法律规范、原则、概念和制度，认识它们之间的相互联系和异同，将所得到的结果应用于各种目的的研究。② 根据逻辑学家旺特的说法，本来"比较考察的用途，就是用于收集各种一致的现象，以及根据各种不一致现象的差异程度将其分为不同阶段，从而得到一般性的结果"。③ 对于法学研究而言，比较不是宏大而空阔的比较，应该是基于解决法律具体问题引起的比较，是基于决策或选择的困境而采取的思考策略和行动路径，遵循"择其善者而从之，其不善者而改之"的吸纳原则。因此，适当的比较，不应是通过所谓体系性的思考，而必须基于问题性思考引发和推进。具体地说，就是应该这样提出问题："在本国法律秩序中有通过这种法律制度处理的某种法律需求，而外国法是通过什么方式满足这一需求的"，而调查的范围，除了制定法和习惯法外，还必须遍及判例、学说、定型契约、普通契约条款、交易习惯等该法律秩序中构成法律生活的一切形式。④ 在学位论文写作过程中，通常会涉及对域外法律规范或制度的比较，一般比较局限于直接的条文或司法判决，对相互关联的各种问题关注不高，难免出现只见树木、不见森林的褊狭缺陷。所以，一定是问题具有可比较性才使用比较研究的方法，解决方式有可借鉴性，比较视野应当具有开放性和开阔性。既有制度本身、法源、条文、结构等因素的比较，也有功能比较。在比较的时候，尽可能把包括被比较双方的法律制度在内的事项逐次关联起来，条分缕析，辨其异同，择善慎从，见恶即去。在极其多样的法律现象中，能够确定关联的点绝非少数，例如，相同的起源、继受、借用、偶然或自然发生的创造还是人为或国家强力推行的结果，或在同等的前提条件下产生的类似结构、同样效果还是橘生淮南则为橘，生于淮北则为枳，等

① ［日］大木雅夫：《比较法》，范愉译，法律出版社 1998 年版，第 62~63 页。
② ［日］大木雅夫：《比较法》，范愉译，法律出版社 1998 年版，第 63~64 页。
③ 转引自［日］大木雅夫：《比较法》，范愉译，法律出版社 1998 年版，第 68 页。
④ ［日］大木雅夫：《比较法》，范愉译，法律出版社 1998 年版，第 88 页。

等。而且，即使是在不同的法系间比较，也可以通过功能性的比较法，发现各种关联性，尽管存在的程度大小有所不同。

第四节　历史研究的方法

历史研究的方法，即采用考订、训诂等方法研究历史上的法律和法律制度，也是法学研究常用的方法。法史学专业的学位论文，主要采用历史研究方法研究特定的法律制度或规范的产生、发展和演变，并运用科学的史学观进行评价。因此，法史学专业的学位论文，历史研究方法是基本的研究方法，贯穿于学位论文整体，而其他法学学科方向的学位论文，在涉及概念、规范和制度等的历史检视方面，可在相应章、节采用历史研究方法。

历史研究方法有利于对法律制度和规范的历史变迁及其合理性进行深入全面的分析和把握，可以深刻洞悉法律公理形成的历史渊源、必然性、普适性和贯穿于不同时代的法律连续性，揭示法律变迁的基本规律性和对偶然性的历史逻辑解释。从某种意义上讲，要论证传统法律文化或者需要传统文化做支撑的法律制度和规范及其在当代的转换和创新，就必须进行历史维度的考察，所谓"观今宜鉴古"。从法律应当具有的民族精神看，一国的法律制度特别是切合民族气质和习惯的法律规范，应当有其悠久的法律实践的历史，正如萨维尼指出的："在人类信史展开的最为远古的时代，可以看出，法律已然秉有自身确定的特性，其为一定民族所持有，如同其语言、行为方式和基本的社会组织体制。不仅如此，凡此现象并非各自孤立存在，它们实际乃为一个独特的民族所特有的根本不可分割的禀赋与取向，而向我们展现出一幅特立独行的景貌。将其联结一体的，乃是排除了一切偶然与任意所由来的意图的这个民族的共同信念，对其内在必然性的共同意识。"①"对于法律来说，一如语言，并无决然断

---

① ［德］弗里德尼希·卡尔·冯·萨维尼：《论立法与法学的当代使命》，许章润译，中国法制出版社 2001 年版，第 7 页。

裂的时刻；如同民族之存在和性格中的其他的一般性取向一般，法律亦同样受制于此运动和发展。此种发展，如同其最为始初的情形，循随同一内在必然性规律。法律随着民族的成长而成长，随着民族的壮大而壮大，最后，随着民族对于其民族性的丧失而消亡。""民族的共同意识乃是法律的特定居所。"①

那么，如何运用历史研究方法？史学家严耕望先生提出了精辟的见解。他认为，要系统看书，不要只抱个题目去翻材料。看人人所能看得到的书，说人人所未说过的话。"研究历史要凭史料作判断的依据，能有机会运用新的史料，自然能得出新的结论，创造新的成绩，这是人人所能做得到的，不是本事，不算高明。真正高明的研究者，是要能从人人能看得到、人人已阅读过的旧的普通史料中研究出新的成果，这就不是人人所能做得到了。不过我所谓'说人人所未说过的话'，决不是标新立异，务以新奇取胜，更非必欲推翻前人旧说，别立新说；最主要的是把前人未明白述说记载的重要历史事实用平实的方法表明出来，意在钩沉，非必标新立异！至于旧说不当，必须另提新的看法，尤当谨慎从事，因为破旧立新，极易流于偏激，可能愈新异，离开事实愈遥远。"②另外，还要注意慎作概括性的结论；注意普通史事；注意处理好概括叙述性证据与例证性证据。史料证据，既有概括叙述性的证据，也有例证性的证据。概括叙述性的证据，价值高，但慎防夸张。在法制史和法律思想史中，对于一些史家的评论如何采纳和再评述，这也是值得进一步深究的。例证性的证据，价值较低，但若同样的例子越多，它的价值就越高，因为例证无夸张的危险性。在法学研究中，对某一朝代或时期的某个领域的案例(如中国古代的婚契、地契、房契、司法程序、刑事案件)进行梳理和总结，往往能得出比较明确和可信的结论，比概括性的评价结论更加真实和有启示或指导意义，当然，案例的选取要注意代表性、时间性、空间性与渠道的权威性(或资料的可靠性)。搜集史料证据，在脑海中要时时记住纵的时间与横的空间，即年代与

① [德]弗里德尼希·卡尔·冯·萨维尼：《论立法与法学的当代使命》，许章润译，中国法制出版社2001年版，第9页。

② 严耕望：《治史三书》，上海人民出版社2016年版，第23~24页。

地理区域。时代与区域不同，只能作比较、作参考。另外，不要忽略反面证据，因为历史事实极为复杂，即使是相对稳定和继承性强的法律，也要注意相反的规定或制度；不要断章取义，要对史料和历史事件或制度做尽可能全面的考察。尽可能引用原始或接近原始的史料，少用后期改编过的史料。如果出现后期史料有反比早期史料为正确者，但须得另一更早期史料作证。转引史料必须检查原书。若原书已佚，或已经找不到，则须说明转引自何处。另外，不要轻易改字。古书传世既久，往往有脱字有讹字，我们运用古代法制史料，有时先要纠正它的脱讹；但这也要特别谨慎，不能随便轻易改动。总之，历史研究方法需要尊重历史文献，全面正确解读文献，不用今天的标准去苛求古人，也不用片面的史实丑化或美化古代法制及其思想。当知，"于古人之后议古人之失，则易；处古人之位为古人之事，则难"。坚持唯物主义的史观和实事求是的精神，辩证地看待中外法制的历史成就与不足，只有这样才能客观公正地分析历史上的法律制度和思想的历史地位及其当下价值。

第五节　法经济学的方法

　　法经济学的方法，亦被称为法经济分析的方法，是运用经济学理论、工具（如成本、效率、价值等）和方法来解释法律现象、分析法律问题。法经济学发端于20世纪中期的美国，早期主要被运用于反垄断法领域。到20世纪60年代，法经济学研究对象和范围不断拓展。1973年波斯纳出版《法律的经济分析》一书，标志着用经济学概念来分析法律问题、用经济效率方法来解释法律制度结构的法经济学理论框架基本形成。随后几十年来，法经济学研究的广度和深度均得到全面拓展，几乎用于所有的法学理论和部门法领域，并且法经济学的思维逐步渗入到立法、执法和司法等环节。

　　在传统的法学理论中，法律研究主要是逻辑分析，研究的中心集中在"公平""正义""秩序""权利""义务"等抽象概念。法律的经济分析方法是经济学特别是微观经济学的方法论在法学领域的应用，立论的前提和价值判断标准是经济学的前提和标准，即效率或效用最大化。波斯纳的法学理论，基于人是一个理性最大化者的基本假设，提出实践中按照三项基本经济学原理办事：（1）需求规律；（2）消费者效用(幸福、欢乐、满足)最大化的假设；（3）自愿的市场交换，总会使资源得到最有效率的使用。① 他假设一个法律市场的存在，再将科斯定理运用于他的法律市场假设中，从而构架起其集大成的法律经济分析大厦。

从理论上讲，凡是理性的东西都是可以用经济分析的方法来加以分析和解释的。法律是理性的，法官、律师理应合理行事，不合理的做法应受到批评，普通公民一般也以理性的方式对待法律规则或制度。经济学的概念和模型对解释法律和立法制度、司法是有用的。② 法律的经济分析方法是一种极有意义的研究方法，它无疑为分析法律制度和法律现象提供了新思路，并形成了有别于传统的新的研究方法，但它不会也不可能完全代替法律的传统方法。其局限性也是明显的，因为人们的行为不都受制于经济考量，除了经济合理、效益最大化之外，有些行为还需要追求正当性，如中国文化几千年来倡导的"义利之辨"，义利之间到底谁更应具有优先性一直难以厘清，根本症结即在于此。法律、官员还受社会和文化观念中固有的非经济因素约束和规范，这些约束和规范扎根于思想和思维方法的长期传统之中，尤其是扎根于伦理和政治哲学之中，这些本身并不是经济学的组成部分。这意味着经济学难以对法律提供一个完整图景的解释。在经济学中，对于纯粹的经济问题，已发展出一整套的方法，但对于传统、文化、信仰、伦理、道德、秩序等问题的分析尚不完备。经济分析尚不能足够地考虑非经济动机。③ 法学家德沃金从他的权利论出发，对效率论进行理论上和政治上的尖锐批判。在他看来，就大部分情况而言，法官的判决绝大多数是根据公平而不是根据功利而作出的。除此以外，还有从其他

---

① ［美］理查德·A. 波斯纳：《法律的经济分析》(上)，蒋兆康译，中国大百科全书出版社 1997 年版，第 3～13 页。

② 钱弘道：《法律的经济分析方法评判》，载《法制与社会发展》2005 年第 3 期。

③ ［冰岛］思拉恩·埃格特森：《新制度经济学》，吴经邦等译，商务印书馆 1996 年版，第 70 页。

视角的批评。这就告诉我们，法经济学分析方法可以用于法学研究，但不能绝对和孤立地被看待及适用，必须考虑到其适用的范围和程度。作为一种补强性的论证，可以在适宜的法律现象和法律对策中运用。因为法律从根本上讲是人民意志的体现，而意志不可能全部建立在经济学的理性算计之上。即使立法者、执法者和司法者有经济头脑，面对社会的复杂性、人的多样性、文化的传承性和民族特性，没有任何一个经济学原理或算法会对如此复杂的规则体系理出清晰的经济学分析框架并且保证国家、社会和公民都会按此规制行为、做出行为选择。如同生活的丰富多彩和极端复杂的面相所展示的，可以用经济学方法说某些富豪不愿意离婚是担心财产在离婚后立即损失一半，这在经济学上是最好的解释，但经济学无法解释在各个阶层中有为了离婚而净身出户的当事人，其理由没办法证明其是从经济上考虑，其他理由各种各样，但迄今还没有一个法官、法学研究者弄清楚各种缘由到底是什么。当今流行的离婚语中经典的理由之一是"性格不合"，"性格"在经济学上价值几何？所以，法经济学的分析方法，只能是补充性的，必须与其他方法仪器形成解释法律现象的合力，研究法律的制度和实施才能有一个比较真实、全面、客观和令人信服的结论。

第六节　法社会学的方法

法社会学的方法，是指运用社会学研究的方法，如社会调查、分析、统计、预测的方法进行法律制度和法律现象的研究。与其他研究方法相比较，其特点主要有：（1）整体性。法社会学把社会看成一个有机联系的整体，法律只是这个整体中的要素和组成部分，通过对法律现象与其他现象之间关系的研究，揭示法与国家、法与社会、法与人之间的相互联系和相互作用。（2）实用性。按法社会学的观点，评价一个法律规范，关键要看其在付诸实施后能不能解决社会实际问题，能不能达到社会控制的目的。正如法社会学的代表人物埃利希所言，法律发展的重心不在自身，而是在社会。① （3）多样性。以社会调查为中心，广泛采用社会学的调查、统计、观察、比较、实验等方法，并将其他学科的新发现结合起来解释法律现象。法社会学研究方法的萌芽，早在古代就已经出现，如古代中国的荀况，古希腊的柏拉图、亚里士多德，18—19 世纪法国的孟德斯鸠、德国的萨维尼，英国的梅因等思想家，19 世纪以后，德国的坎托罗维奇、奥地利的埃利希、美国的庞德等对这种方法的完善做出了重要贡献。

　　在传统的法学研究中，具备了充分的与法律相关的资料文献，就可以写文章了。但在法治实践不断深入、现实问题需要对策分析和恰当的理论提升时，仅有文献还不够，因为文献有时无法提供法学研究所需的特殊对象和现状，一味通过文献分析和规范推理，往往对有些现实性很强的法律问题会形成抽象论道、文不对题、缘木求鱼、隔靴搔痒的种种尴尬和不足，最终无法解决具体法治面临的实际问题，必须通过田野调查和实地调研的方式获得第一手材料后，再仔细分析提炼，最终得出正确的判断和做出正确的决策。毛泽东主席十分强调通过调查研究解决问题的方式，认为这是解决实际问题的第一步和关键，"没有调查就没有发言权"。所以，一些涉及现实的具体法治问题以及需要上升到需要创新的理论问题，往往需要作者亲自对社会现象进行调查，以获取相关资料。没有关键的第一手资料，即使引用了许多法条，仍然让人感觉是无的放矢，难以将焦点集中于真实存在的问题。在实践中，通过社会调查获取论证的比较常用的方法有：现场观察、深度访谈、问卷调查、文献分析、思想实验法等。一般而言，通过现场观察、深度访谈、问卷调查等收集资料不仅需要花费较长时间，而且还需要周密规划、系统设计、运用统计学方法和现代技术等进行信息甄别、数据筛查和技术处理，最终得出的结论可信度还与样本数量、代表性分布、不当因素的排除等诸多方面相关。对于没有经过专门训练和长期准备的学生而言，选择这种方法需要谨慎考虑。当然，如果切入点很小，讨论的问题涉及调查难度不大，如以某个地区为个案，讨论基层警察现场执法的失范现象与规范对策问题、村民议事或基层纠

---

　　① 转引自张宏生、谷春德主编：《西方法律思想史》，北京大学出版社 1990 年版，第 390 页。

纷解决的地方经验等还是可以选择这种方法。还有一种通过既有的实践记录及研究文献的收集和分析方法，这实际上是一种文献调查，相对前一种方法而言，需要具备的前提条件相对简单，在时间耗费上相对较短，也能契合学生毕业时间段的时限要求。因此，学生撰写学位论文选择此类方法较多。比如可以通过相关案例的汇集、查阅和分析，通过对一段时间的研究或报道的热点问题、某一类问题的研究进行统计和分析，做定量或定性研究。文献研究需要注意的是，样本要有代表性，尤其是做定量研究。样本的代表性取决于样本的典型性，如法律案例，就需要找到足够典型的案例。而衡量案例是否足够、典型，则应当根据该案例是否能够到达研究目的来衡量。有些案例可能揭示出多个方面的问题，得出若干有价值的结论，有些典型案例只能揭示某一个方面的问题，并不能反映作者需要的另一个方面的问题。这就需要分析案例传递了哪些信息？谁在传递信息？针对谁？要表达什么？好的案例应当能相对完整地反映案情中涉及的各方诉求、权益和责任。如果是具有极强的当下问题意识和针对性议题，选取的案例应当包括最新的成果或资料。所以在选题确定后进入论证前，首先应该明确在怎样的时空范围上研究，这样，文献的收集才能最大限度地服务于作者的中心论题。

需要注意的是，法社会学研究方法的运用，必须以马克思主义哲学方法，特别是以唯物辩证的方法为指导，防治片面、孤立地看待法律在现实生活中的表现，不能以偏概全，更不能一叶障目，仅凭少量的不具有代表性的资料数据得出一般性的结论。要实事求是地进行调查研究，从法与社会的联系中来认识法，将理论与经验、定性与定量相结合，尤其需要交代样本和数据存在的局限性、结果的针对性及参考性，这样才能提出改善法律调整或解决社会问题的合理建议。

附录　学位论文自检自改要点归纳

修改是论文写作的一个重要部分和必经过程。古今中外，凡是文章写得好的人，大多在修改上下过苦工夫。虽然论文究竟应从哪些方面修改，如何修改等尽管有不少经验之谈，但却没有一个完整、系统的梳理自我检查的要点和修改应坚持的基本判断标准，对法学论文而言总结归纳者更少，为便于学生了解和掌握法学学位论文自检自改应重点注意的基本方面，在此尝试做一个初步的归纳总结，不完善之处，希望读者结合自己写作实际和学校或刊物对论文的其他或更具体要求进行增修完善。

结合本书前面所述的内容，按照动笔撰写论文的整个流程进行梳理，重点就以下方面列出自检自改的注意点，同时在写作过程中也可以在设计具体问题时及时有意识地加以关注，减少写作过程中不必要的时间和精力的浪费。

一、论文题目

1. 用语是否规范？如不能使用"漫谈×××""浅谈×××""说说×××""对×××的几点认识或看法"等，以及不符合法学论题要求的表达。

2. 是否属于法学范围议题？议题必须具有法(律)学上的可探讨性。

3. 是否只涉及讨论的范围，而不是直接点明观点？

4. 是否讨论的议题(范畴、范围)多于三个(可以少于三个，但不能多于三个)？

5. 题目是否容易引起歧义？

6. 题目是否过长(超过 25 个字)？

7. 题目设定问题的范围是否过大，难以在有限篇幅里论述清楚？

8. 有必要设置副标题吗？

9. 题目涉及研究的禁区吗？如涉及违反我国宪法确定的基本原则和规则，有政治敏感问题，反对和颠覆政府，煽动民族仇恨，民族歧视，破坏民族团结，侵害民族风俗、习惯的，与国家宗教政策相悖，宣扬邪教、迷信，宣扬男女不平等，反对主流道德，败坏社会公德、公共秩序安全、公共道德，宣扬仇视人类、暴力、恐怖、色情，违反基本伦理或会带来伦理风险，迎合低级趣味、反人类等的题目都是研究的禁区。另外，具体禁止出版的、需要备案审查和保密的规定可参看我国出版管理法律法规，以及国家关于涉及国家安全和保密事项的学位论文的规范性文件的相关规定。

10. 是否乱用中外文混搭拟定题目？

11. 题目文字表述是否简洁、顺畅？

12. 题目是否新颖？

13. 题目讨论范围指向是否明确？如：×××制度若干问题研究，"若干"两字指向不明。

14. 题目是否过于生活化、庸俗化？太具体平常的生活实践和过于庸俗的特殊现象，不具有普遍意义，难以嵌入理论分析或制度分析，写到最后论文会变成一般事项、知识的说明或介绍。

15. 题目难度是否超出自己的知识和能力范围？

16. 其他应注意的问题。

二、正文中的各级标题

1. 从整体看论文是不是类似教科书式的标题结构排列？不从提出问题开始，而是基于概念和已经事先确定的观点进行演绎式展开论文层次、结构和叙述的都需要修改。

2. 上一级标题所涉范围是否能涵盖下一级标题？下一级标题是否上一级标题讨论范围的具体体现？下一级标题是否在应研究范围上超过上一级标题？一般要求上一级标题统领下一级所有子标题，两者在范围上必须吻合或相当。

3. 含有"××概述"的章节是否必须如此？有无改进表达或更换另一种开篇形式？如果必须用概述开篇，概述应包括哪些内容？概述与其后各章节的内在关系是什么？

4. 是否对有些标题中表明的"理论基础""基础理论""基本原理""法理基础"有明确的理解和区分？是否正确使用了这些术语和概念？它们对其后论文的内容起什么作用？

5. 各级标题是否围绕中心论题有逻辑展开？有没有偏离论题的章节？

6. 同级标题之间展开的顺序遵循了怎样的逻辑顺序？这是如何考虑这种安排的：时间顺序？空间顺序？事物重要性和发展逻辑？从理论到制度再到实践？抽象到具体？立法到执法再到司法和守法？从国内到国外？以并列关系排列？以递进关系排列？以认知习惯排列？以伦理考量？个人到集体再到国家还是反过来？……需要检视排列的次序并提供令人可接受、有说服力且不违背人们通常认知习惯的理由。

7. 当前面标题提出了理论、原理、法理、原则、准则等之类的范畴(统领论文主旨)时，后面的具体内容是否遵循、体现和演绎这些重要准则与原理、理论等？

8. 前面提出问题或分析问题的标题部分与解决问题的标题部分之间是否有较好的呼应关系？也即是说，提出的问题是否得到对应性、合理性的解决。

9. 是否存在将提出问题和分析、解决问题放在只标明提出、分析或解决的其中一个标题下混杂论述，不做适当区分？

10. 各级标题是否文字简洁、明了？是否标题过长？

11. 分析、论述存在问题(不足)的部分的标题是否按"不足"的具体特征进行归纳和表述？是否让人一看便知不足的具体领域、范围或事项？

12. 是否将需要分析的"不足"与"现状"并列？一般而言，标题有"××现状"的，现状本身包括思想或制度、规范的值得肯定的部分，以及存在(或通过分析、比较发现)的不足这两个层面。标题最好不要出现"××现状和不足"的情形。

13. 域外比较部分如何有针对性嵌入各级标题或通过论证内容体现？

14. 论题和核心线索是否贯穿于各级标题中？即使没有明确的与论题相近或部分相同的标识语句，能否让读者一看基本可知是围绕主题或议题展开？

15. 每一次级标题探讨问题之和是否与该上一级标题范围吻合？（至少最主要范围是吻合的）

16. 标题级数是否过多？一般以三级为主，至多四级，最好不超过五级。

17. 论文一级标题是否太多？除非论文确实够长够复杂，一般一级标题（大致等同于章）数目不超过 6 个为好，3~5 个为最佳。少数博士论文可不受此限制。

18. 一般比较抽象概括和具有统领性的大概念如原理、法理、理论、原则等是否在多个一、二、三级标题中反复出现？需要明确的是，一篇论文"灵魂和统帅"往往只有一个，多了逻辑必然混乱，会导致论述的杂乱以及核心观点论证和提炼的困难。

19. 标题语言美感、节奏韵律感、并列的多个子标题的排比性或妥帖性如何？标题能够用长短大致相同、带韵律的语词提炼出来最好，但绝不能为了语句的对仗和韵律，弄得文不对题，生拉硬拽，因小失大，弄巧成拙。

20. 其他问题。

三、摘要

1. 摘要是一两段意思连贯，有内在逻辑（如按提出了什么问题、分析了存在哪些问题、解决了哪些问题的高度概括表述）的文字进行的严谨表述吗？

2. 摘要是使用第一人称表述吗？摘要不能使用第一人称，如"我认为""我建议""本文认为""笔者认为"等。不能按章节概括介绍，如"第一章谈论了""第二章探讨了"。摘要要用第三人称的写法。可采用"对……进行了研究""报告了……现状""进行了……调查"等记述方法标明一次文献的性质和文献主题。摘要用第三人称叙述，使用一般现在时态。

3. 语言是否缺乏学术化色彩？如有的摘要使用了比喻的修辞方法，甚至还有口语式的语言。

4. 是否信息量太少，没有反映文章的创新之处？

5. 摘要对论文中心思想和基本观点表述是否清楚？如表述不清、含义模糊，应修改。

6. 是否有重复法学学科领域已成为常识的内容？摘要不得有重复法学学科领域已成为常识的内容，也不得有表达其他人文社科常识的内容。

7. 是否将论文的背景知识写进摘要？摘要不得描述文章的背景知识。

8. 是否将写作过程及心得写进摘要的？摘要不得描述文章的写作过程。

9. 摘要是否使用自谦辞藻？摘要不得用自谦辞藻，如"才疏学浅，只进行了不成熟的探析""为中国某某方面的法治尽绵薄之力"，也不得包括各种变相的自谦和无病呻吟，如"表达对某某现象的深深忧虑"。

10. 摘要是否客观、如实地反映一次文献？对没有客观、如实地反映一次文献以及加入摘要编写者的主观见解、解释或评论的，需要修改。

11. 是否着重反映了新内容和作者特别强调的观点？

12. 摘要是否仅仅表述观点而不进行注释？摘要不需要对观点进行注释，除非论文的主要贡献在于证实或否定了他人已出版著作中的重大观点；摘要一般不引用他人文献。

13. 在任何情况下，摘要都不得加引注，是否做到这一点？摘要中有引注的请删除。

14. 是否熟悉摘要提炼观点的要求？不要简单地抓取论文中的分论点标题进行拼凑，要坚持核心问题和基本观点表达的摘要取向及规范。

15. 摘要有重复文章题目和标题的信息吗？摘要不要重复文章题目和标题的信息。

16. 摘要是否对自己的文章评价过高？不可对自己的文章评价过高，实事求是说一两点，不说最好。

17. 修改其他不符合摘要基本要求的表达。

四、关键词

1. 是否反映论文核心信息？

2. 是否 3~5 个？

3. 是否是词组？关键词必须是词组，不能是句子。

4. 是否避免了法学一般或通用的概念或名词?

五、文献综述

1. 整体上是否反映了国内外研究的现状? 主要代表性研究成果是否搜集齐全?

2. 是否把法律制度、法规、司法案例判例列举其中? 法律制度、法规、司法案例判例不属于研究成果,若有的话,删除。除非案例中有明显的法官个人意见且具有学术参考和争鸣价值。

3. 是否简要析出了其他作者的观点? 是否对梳理出的观点有简短而精准的评述? 如该研究的主要优点和不足,或未涉及的领域或具体问题(空白)。

4. 引用的文献是否具有权威性、代表性?

5. 引用的文献的时间跨度是否具有全景性? 文献的新鲜度如何? 近三年文献应有一定比例。

6. 注意撰写综述格式的规范性,是否注明作者名、成果发表年份、真实的作者观点等基本要素?

7. 文献综述结构是否合理? 是否围绕论题主线展开? 缺乏主线,将直接导致综述本身流于材料堆砌。是否沿着提出问题、分析问题和解决问题的大致框架整理文献及观点?

8. 总结他人学术观点的文字表达是否精炼、流畅和准确?

9. 文献综述是否基于问题意识进行搜集和整理? 如何寻找与学位论文写作有内在联系和帮助的文献?

10. 如何将综述涉及的问题分解以便有序论述?

11. 文献综述对不同观点的"比""述""评"是否到位? 对研究现状缺少综、梳、述、评的基本要素; 简单罗列文献,缺少观点梳理; 对重要学术流派和观点把握不到位、不全面; 对与本课题相关的国内外研究成果缺乏全面准确深入和简明扼要的清理与总结,这些不足都需要修改完善。

12. 是否通过文献综述归纳出该领域存在哪些研究的不足? 是否找到需要进一步或开拓性研究的方面? 对可能的创新是否有较清晰的思路?

13. 其他需要注意的事项。

六、论文语言

1. 是否准确使用了法学专业的语言和语法？

2. 是否避免了口语化？不能用日常生活对话式的俗语、俚语或口头禅，也不能纯粹用其他学科的语言进行法学问题分析，对方法和概念的借用，必须是为法律和法学研究服务，围绕法律问题分析展开。

3. 判断性语言(句子)是否公允，是否客观地描述了事件、人物、法制的成就或不足？是否避免了以偏概全、偏激性、武断性、夸张性、侮辱性、攻击(污蔑)性、主观臆断性、仇视性等非理性讨论的语言。

4. 在论文写作中，上下文之间的语义(意)连接、转承启合等是否遵循写作和思维逻辑？是否共同指向和服务于要论证的论题？

5. 语言是否精炼？要删除重复(包括隐性重复)的表达。

6. 论文中前文和后文有没有不必要重复的语句或观点？

7. 表达观点在同一论文中是否有自相矛盾之处？

8. 是否把话说得太满？一般不要持绝对肯定和否定的态度，开放和留有余地的态度是法学研究的常态。法律和法学研究要建立在具体的、千变万化的具体情境和条件基础上，所有的判断都是附条件的判断。

9. 是否按照追求真理而不是跟随权威和偏见的态度组织语言和行文？

10. 有没有盲目迷信权威、狐假虎威、装腔作势，编造引注和案例，信口开河，按自己的主观意图发表看法和论证自己观点？

11. 是否有歧视性语言、淫秽性语言？是否有宣扬、认同或迎合恐怖暴力，未被官方认同的网络语言？是否有对公序良俗、社会公德、公众羞耻心等有冒犯的语言？有的话，立即删除。

12. 不同观点间的辩论是否使用了人身攻击的语言？有的话，立即删除。

13. 外文翻译过来的语句是否符合中文表达习惯和语法？不符合的话，修改。

14. 是否用最简练、准确的语言拟定标题和行文？

15. 有无错别字或白字？写完论文至少看三遍，改三遍，再上交老师批阅指导。把有错别字的论文稿上交，不仅仅是写作态度不端正、准备不充分、缺乏起码的责任感的体现，更是对教师和读者的不尊重，是品德修养不佳、学风不良的表现。

16. 是否对论文的文风、文采和文气进行过思考和锤炼？

17. 是否过多使用冷僻或晦涩的字句？

18. 句子长短是否适中？能用短句表达清楚、意思完整的，就不用长句；有些需要长句才能表达清楚的，就应该用长句。

19. 用于说明法律问题或阐明观点看法的比喻性语言是否具有可类比性、通俗易懂性和贴切性？

20. 语言是否规范？一些表达专门概念或含义的语言是否符合法学叙述和论证语言的一般要求或特殊要求？

21. 句子与句子之间，标点符号使用是否正确？

22. 语句读起来是否有吃力、拗口等让人觉得别扭之处？

23. 是否存在词不达意的现象？

24. 是否存在乱用简称、随意简称(不事先交代)的情形？

25. 是否现代文中夹杂文言表述(偶尔少量使用，不觉得唐突且含义明晰的，可以使用)？是否在中文语序中夹杂生硬的外文表述？

26. 其他语言方面的问题。

七、内容

1. 内容安排是否合理？要按照论文结构和论题内在逻辑展开的要求撰写，各个部分要合理布局，详略得当。特别是在分析问题和解决问题的部分应该多着墨。

2. 研究内容是否过于庞大和复杂？能否进行限缩？一篇论文解决一个中心问题，对形成论点影响甚微的细枝末节问题可一笔带过，必要时对范围等进行适当限缩，但限缩之前要交代清楚，并且不能因限缩影响主题和观点的论证及成立。

3. 主要观点如何借助各章逐步引入、分析、论证和证成？表达出来是否顺理成章、水到渠成、自圆其说、令人信服？还是对观点做客观评价，有得有失？对未尽事项容后再论，或观点得出是基于某个领域、某个数据得出，是否避免了泛化？

4. 内容整体或部分是否有偏离主题？有的话修改。

5. 有无法律法规禁止表达的内容？有的话修改。

6. 是否存在引用他人学术观点不加引注的情况？

7. 是否存在剽窃、抄袭、侵占他人学术成果，篡改他人研究成果，伪造科研数据、资料、文献、注释，或者捏造事实、编造虚假案例或调研统计数据等情形？

8. 引注是否符合学校规定和一般学术论文、图书出版、刊物发表的注释要求？引注应具备的各项信息是否齐全、格式是否规范？

9. 引用法规是否最新的？做历史性梳理和考察引用的法律法规除外。引用法律法规草案的，要在法律法规后面用"（草案）"标识。法律法规在论文中多次提到的，第一次用全称，以后用简称，但第一次使用法律法规名称后用括号注明"（以下简称《×××》）"，但要注意多个简称之间不能有同名的，如论文中要引用几个不同条例，就不可都简称为"条例"。

10. 国际公约、规范和外国法律法规要使用官方或权威出版物的翻译名称，对于名称较长，在论文中多次提到的，第一次用全称，以后用简称，但第一次使用该名称后用括号注明"（以下简称《×××》）"。

11. 引用案例或调查数据等情形时是否尊重了他人隐私？尤其是真实姓名的处理。引用与他人重大利益相关或合作取得、或单位拥有的不公开数据是否履行了相关程序？是否征得他人的同意？是否涉及国家秘密？相关人员是否知情同意？

12. 是否为了字数而拼凑无关内容？或者用不同方式重复相同意思的内容？严格禁止此类造假行为。

13. 是否存在空洞无物、大话、套话、假话、废话等无价值的内容？

14. 论文各部分内容之间的关系是否清晰？联系是否紧密？是否一致指向和

服务论文主题？

15. 论文是否获得过他人的实质性帮助？受他人点拨或帮忙提供有益意见的，可以在脚注中说明，也可以在后记或致谢中表达。学位论文一般在致谢中表达。

16. 其他在论文内容上需要注意的方面。

八、论证

1. 材料的选取是否属于论题的范围，充分吗？

2. 材料的运用是否存在堆砌而没有甄别、分类、归纳、引申或提升？

3. 是否较好地叙述了材料与观点间的关系？

4. 是否存在观点加例子(案例或事例)或加法规的简单拼盘式论证？

5. 是否存在空泛议论？是否存在不着边际、没有指向的语句？

6. 是否存在议论偏离主题，论证重点和非重点倒置，主次不分的问题？如将论证的辅助知识大谈特谈，对论证的关键部分三言两语或一笔带过。

7. 论证过程是否严密？

8. 论证方法是否得当？主要论证方法是否论文最需要、最有效、最适合的？综合其他论证方法的嵌入和运用是否妥帖？

9. 论证视角或要点是否有遗漏？哪些应当论证的连接点和观点被忽略，导致逻辑链条断裂，最终观点不成立或缺乏充分说服力？

10. 运用每种论证方法是否明确了该方法的优势和局限？在具体论证过程中使用的效果如何？对局限性的问题能否通过其他方法补强？

11. 论证是否有层次感？而不是简单地罗列。好的论证逻辑一定是立体的、有层次感的，而不是平面性的。既要层层递进，从外围逐步深入直至核心观点，也要会使用驳论和反证法建立攻防一体的立体论证网络。

12. 论证是否缜密，而不是一盘散沙？是否存在逻辑推理和逻辑证明的不缜密之处？是否将碎片化的知识或材料进行逻辑整合和提炼？

13. 是否本着求真的研究立场？是否先预设一个价值立场，再去有选择性地寻找一些材料和数据来证明这个预设的立场或观点？正确的论证是事先没有立场，一切靠论据和论证说话，结论是建立在大量的事实、规范或史料经过逻辑论证之后才得出的。

14. 论证是否欠缺学理性，充斥口语化表达？论文必须要有一定的学术性，必须要超越日常生活的口语化表达。专业特征明显的理论、思维、概念、术语和表达是构成学理性的基本元素。

15. 论证态度是否端正和严谨？要在真实的证据和资料基础上求真，杜绝学术上的各种不端行为，杜绝一切在数据、材料和文献上的随意性和欺骗性。

16. 是否围绕核心问题展开论证，而不是天马行空、天女散花？万山磅礴，必有主峰。论证过程中必须围绕论文核心观点展开，所有材料论述的目标都是指向这个核心观点，而不是从核心观点延伸出去。一旦延伸出去就有可能偏离主题。

17. 论证推理的结构是否合理(正确)？推理的方法是否科学？三段论是推理的最完整形式，论文的论证是否运用得当？

18. 是否存在研究对象和相关术语定义不明确的问题？研究对象和关键术语的含义过于宽泛、有多个含义，不仅导致论证盘根错节、左右为难，很难进行，而且一个建立在多义词基础上的前提，结论一定是不成立的。

19. 是否存在循环论证的问题？即作者把待证明的观点当做不证自明的前提条件，而前提条件的正确性又以结论的正确性为前提。杜绝循环论证。

20. 是否存在虚假假设的前提？论证的前提是假设，而非客观的事实或法律问题，这样的论证，结果的不确定性很大，导致结论的可信度丧失或严重不足。

21. 是否存在迷信传统、权威和大多数意见的情形？结论的正确性和说服力，在根本取决于论证过程的有效性和其客观真实性。传统、权威和大多数的意见只能提供参考的意义。论证决不能因为有"××传统、权威和大多数的意见"，所以就必然是"××结论"的思维和论证模式。绝大多数的创新都是起步于对传统、权威和大多数意见的质疑。

22. 是否根据研究命题的类型，确定论文属于哪一类推理论证方法，是归纳还是演绎？

23. 论文各部分、每大部分项下的每一小部分、每一小部分中的每一小节甚至每一小节中的某一句，大大小小的命题或语句前后的关联性如何，是否将其显著地体现出来了？

24. 研究结论逻辑上与前文是否依然紧密关联且保持一致性？陈述语言是否科学严谨？

25. 研究启示是否将研究结论置于适宜的高度？是否在更大的范围、更高的层次、更普遍的情境下，探讨了研究结论的可能性、可行性、适用性、适宜性？

26. 是否在提出要以马克思主义为指导，以理论与实践相结合的方法，结合论文本身所具有的特点、探讨的对象和范围采取了所要运用的具体方法？研究方法取决于研究对象或研究问题的本性，不同的研究对象和研究要解决的问题，其研究方法是不一样的。

27. 与论证有关的其他问题。

九、参考文献

1. 参考文献格式是否规范？文献基本信息是否齐全？有无错别字情形？

2. 参考文献排列是否遵循一定逻辑？如存在经典著作、一般著作(著作中若分中外著作，则先中文著作，后外文著作，外文著作中又可按国别排列)、论文、报刊、网络文章等参考文献时，总体上著作放在前面，论文及其他的著录信息放在后面。至于著作内部怎么排列，是按著作的出版时间先后，还是著作作者的名气等，就看论文作者的考虑，但要坚持一个基本的标准或逻辑考虑贯彻始终，不要让人感觉眼花缭乱，杂乱无序。

3. 参考文献是否反映论文研究领域成果的权威性、代表性、历时性和当下性的"四统一"原则？无经典参考不足以显示研究高度，无发展过程中的代表著作则无从显示研究深度，无研究沿革则不足以显示历史传承性和长期关注度，无近三年的著作则无法显示研究的新鲜度和前沿性。

4. 参考文献的数量是否与学位论文层次及内容相当？一般而言，学士学位论文不能少于 20 个；硕士学位论文不能少于 60 个；博士学位论文不能少于 200 个，无上限。

5. 参考文献中的文章和著作有权威的尽量选择比较权威的或者优秀的出版

社的，著作版本由优秀出版社出版的优先选用，由学术大家翻译的国外同一作者的外文著作优先选用，革命导师的经典著作有新版本的优先选用。

6. 参考文献应注意的其他问题。

十、致谢

1. 致谢是否建立在对求学和写作之路感悟的真情实感之上？

2. 致谢是否对几年来学习和大学生活的感悟高度概括地表达出来？

3. 致谢是否体现了论文作者的人生、治学态度和生花妙笔？

4. 致谢是否杜绝了过分的虚情假意、不适的感恩和肉麻的吹捧？如有位本科毕业生在致谢中感谢女性指导老师这样说："她天使的脸蛋，魔鬼的身材，循循善诱的教导，不拘一格的思路给予了我无尽的启迪。未遇到她之前，我犹如轻尘栖弱草；遇到她之后，我犹如贱妾逢良人。每思老师对于我的恩情，如山高如海深，我生当衔珠，死当结草，老师若病，我侍药；老师若崩，我当扶棺，来世必做牛做马做狗做猪，以报答老师对我的浩荡师恩。"这样的致谢有些过头，甚至有些不敬。再对比一篇博士论文作者对指导老师感激的表述，致谢中这样写道："大道至简，玄德至真。因缘幸会师父，算来十个年头。历史垂青的诸多怀有大智慧的人却偏偏没有生成大块头，至圣先师的孔子即便身长九尺六寸却未能幸免平生七陋的观瞻缺憾，师父也是其中的典型代表。他毫无'洸洸乎干城之具'的傲岸身躯，也绝非'昂昂乎庙堂之器'的风神飘逸，瘦小的身躯配上冷峻的面容，遒劲的筋脉，凌厉的目光，凛然的风骨，更加衬显他三秦男儿生冷蹭倔的原生特质。师父为时人尊称'张真人'，这不仅是对他翘楚昆仑的真正大师的内心尊崇，也是对他修真得道的真觉彻悟的景仰钦慕，更是对他'惟大英雄能本色、是真名士自风流'的真我性情的强烈认同。韩愈师说有三：传道、授业、解惑；佛法布施有三：财布施、法布施、无畏布施；冯友兰人生境界有四：自由、功利、道德、天地。师父无疑很好地担纲了三大职责，很好地做到了三种布施，很好地演绎着四重境界。十年舐犊情深，十年般若慈母，教诲的脉轮、道业的气场和浩德的泽被远远超越了课堂的阈限，如坐春风之中，仰沾时雨之化。十年就道，我只进微末，却受益终身。十年，师父在我心中的地位愈来愈高，在我心中的距离却渐行渐近。真人，真好，真亲!"两个论文致谢所表达的对老师的感谢之情孰优孰劣，读者一看便知。

5. 致谢是否是适当地分成了几个部分？对此并无定格，一般而言，本科毕业论文，一段或两段话也是可以的。博士毕业论文感言最多，有从儿时梦想写起，有从启蒙读书发端，更有从上大学一路写来，普遍情形是，学习和写作过程历尽艰辛越多，感觉收获越多，对母校观察和爱意越浓的学生，往往洋洋洒洒，一泻千里，字字珠玑，感人肺腑，读来如有同感，感人至深。所以有老师总结说，博士论文水平的高低、写作态度也可通过文后致谢写得如何来管中窥豹，略见一斑，此言大致不虚。所以，一般致谢内容涉及对指导老师辛勤付出的感恩，对相关授课和交流老师的感谢，对一同求学的学长、同学和学弟学妹互相切磋、互相激励、互相成全的深情友谊，对父母自己出生以来含辛茹苦、无私的默默的支持和奉献的感恩，如果成家立业了还不忘对爱人和家人支持的感谢，最后也会对母校的环境和培养表达深深谢意。包括以上，但决不限于此。

6. 致谢是否看过几遍，是否有错别字？尤其要注意的是，一些学生在致谢中将指导老师的名字写错，此种情形多有发生。论文作者，需要谨记老师姓名的正确写法，所有人名皆如此，不可忘记。

7. 其他应注意的事项。

以上对学位论文中经常出现或可能会出现的问题点进行了列举和提示，由于每个学生的个体情况不一样，遇到的问题也会千差万别，加之随着时代的发展，每个学校的要求也会有所区别，同时一年接一年的学位论文大量产生，也会产生新的问题，在此只是抛砖引玉，做个论文自检自测自改的要点总结，遗漏之处在所难免，期待读者批评、指正!

主要参考文献

一、著作

1.《毛泽东选集》第 2 卷，人民出版社 1991 年版。

2.《毛泽东选集》第 3 卷，人民出版社 1991 年版。

3.《毛泽东早期文稿》，湖南人民出版社 1990 年版。

4. [清]吴楚材、吴调候编选：《古文观止译注》，李梦生、史良昭等译注，上海古籍出版社 1999 年版。

5. 孙国华主编：《中华法学大辞典》(法理学卷)，中国检察出版社 1997 年版。

6. 梁慧星：《法学学位论文写作方法》，法律出版社 2006 年版。

7. 何海波：《法学论文写作》，北京大学出版社 2014 年版。

8. 严耕望：《治史三书》，上海人民出版社 2016 年版。

9. 凌斌：《法科学生必修课：论文写作与资源检索》，北京大学出版社 2013 年版。

10. 徐贲：《明亮的对话：公共说理十八讲》，中信出版社 2014 年版。

11. 陶龙生：《弱者的抗争：美国宪法的故事》，中国政法大学出版社 2014 年版。

12. 李仕权：《改革的教训：打捞中国历代沉没的改革》，中信出版社 2015 年版。

13. 胡忆肖等编著：《毛泽东诗词白话全译》，武汉出版社 1994 年版。

14. 梁启超:《饮冰室专集之七十·作文教学法》,中华书局 1925 年版。

15. 梁启超:《作文入门》,教育科学出版社 2007 年版。

16. 夏丏尊、刘薰宇:《文章作法》,中华书局 2013 年版。

17. 张宏生、谷春德主编:《西方法律思想史》,北京大学出版社 1990 年版。

18. 陈新民:《德国公法学基础理论》(上、下册),山东人民出版社 2000 年版。

19. [罗马]查士丁尼:《法学总论——法学阶梯》,张企泰译,商务印书馆 1989 年版。

20. [美]布鲁克·诺埃尔·摩尔、理查德·帕克:《批判性思维:带你走出思维的误区》,朱素梅译,机械工业出版社 2012 年版。

21. [德]拉德布鲁赫:《法学导论》,米健译,商务印书馆 2013 年版。

22. [英]边沁:《政府片论》,沈叔平等译,商务印书馆 1995 年版。

23. [美]杜威:《我们怎样思维·经验与教育》,姜文闵译,人民教育出版社 1991 年版。

24. [美]汉密尔顿、杰伊、麦迪逊:《联邦党人文集》,程逢如、在汉、舒逊译,商务印书馆 1980 年版。

25. [美]约翰·罗尔斯:《正义论》,何怀宏等译,中国社会科学出版社 1988 年版。

26. [奥]凯尔森著:《法与国家的一般理论》,沈宗灵译,中国大百科全书出版社 1996 年版。

27. [美]博登海默:《法理学:法律哲学与法律方法》,邓正来译,中国政法大学出版社 1999 年版。

28. [古希腊]柏拉图:《柏拉图全集》第 2 卷,王晓朝译,人民出版社 2003 年版。

29. [英]弗·培根:《培根论说文集》,水天同译,商务印书馆 1983 年版。

30. [德]伯恩·魏德士:《法理学》,丁小春、吴越译,法律出版社 2013 年版。

31. [美]安修:《美国宪法解释与判例》,黎建飞译,中国政法大学出版社

1999 年版。

32. ［美］庞德：《法律史解释》，邓正来译，商务印书馆 2013 年版。

33. ［德］弗里德尼希·卡尔·冯·萨维尼：《论立法与法学的当代使命》，许章润译，中国法制出版社 2001 年版。

34. ［美］理查德·A. 波斯纳：《法律的经济分析》（上），蒋兆康译，中国大百科全书出版社 1997 年版。

35. ［日］大木雅夫：《比较法》，范愉译，法律出版社 1998 年版。

36. ［冰岛］思拉恩·埃格特森：《新制度经济学》，吴经邦等译，商务印书馆 1996 年版。

二、论文

1. 钱弘道：《法律的经济分析方法评判》，载《法制与社会发展》2005 年第 3 期。

2. 徐振宗：《梁启超对写作教学的贡献》，载《北京师范大学学报》1987 年第 2 期。

3. 李润洲：《研究生思辨写作的内在逻辑》，载《学位与研究生教育》2020 年第 7 期。

4. 钟启泉：《批判性思维：概念界定与教学方略》，载《全球教育展望》2020 年第 1 期。

5. 汲安庆、庄学培：《写作规矩，上达之基础——梁启超〈中学以上作文教学法〉中的五种意识》，载《教育与教学研究》2018 年第 9 期。

6. 尤陈俊：《作为问题的"问题意识"——从法学论文写作中的命题缺失现象切入》，载《探索与争鸣》2017 年第 5 期。

7. 张明霞：《电子文本阅读与大学生毕业论文写作》，载《新闻研究导刊》2019 年第 1 期。

8. 张积玉：《编辑心理与作者撰稿投稿》，载《宁夏社会科学》2005 年第 1 期。

9. 周义程：《社会科学类学术论文：评价标准、写作步骤及要领》，载《社会科学管理与评论》2013 年第 4 期。

　　10. 陈艳芬、李东辉：《题为文眼：学术论文文题的价值意蕴》，载《今传媒》2013 年第 9 期。

　　11. 许正林：《课题设计与论文论证的几个基本问题》，载《新闻与写作》2018 年第 5 期。

　　12. 朱全娥：《编辑对学术论文价值的初审判断》，载《中国科技期刊研究》2009 年第 4 期。

后　记

写完该书稿丝毫没有轻松的感觉，既有"文章千古事，得失寸心知"的惶恐，更有不适应"世事如棋局局新"的恐慌，良好的动机和努力的尝试未必能取得预期的效果，但面对无数比我更加惧怕写论文的一般学子而言，从思想认识、规范训练和方法领悟的维度认识和体会论文写作的"三味"应该是值得花费一名教师的精力的。尽管这么多年我一直没有落实好韩愈他老人家一千多年前立下的"传道、授业、解惑"的师训，也离"学为人师、行为世范"有十万八千里的距离。但在互联网的全覆盖下，特别是网络时代的青年学子，思维活跃，精力充沛，网络平台和各种软件像供奉神仙一样供奉着大大小小的青年、少年，甚至幼儿也不放过，碎片化和快餐话的精神食粮，用最低廉的价格甚至免费派送给充满朝气的后生们，使他们大多数不经思考就知道许多问题的答案，有时颇有"大江东去，浪淘尽，千古教师职业"的感觉，教师的讲课远远比不上上课时学生手机中的各色游戏和"标题党"甚至半黑半黄的缤纷消息与视频，"人在课堂心在网""道是有人却无人"的景象并不少见，大学历来被高看为传承文明、出新思想的殿堂，而现实可能是，学习新思想、发现新思想特别是表达新思想的群体越来越稀罕。不是杞人忧天的现象是，一进大学门，就想工作定。布置写短文，语句说不清。到写论文时，师生都感觉"多年教学两茫茫，论文开题总匆忙。平时世事都知晓，论文写作愁断肠"。一个千百年来良好的制度设计——毕业论文写作——变得"谈文色变"，如此"折戟沉沙"，需要反思我们的教学机制和环节，如何将"要学生写论文"变成"学生要写论文"，笔者认为首先要有思想认识上的转变。凡事不知对错和所以然，强行要求往往适得其反，如果志同道合，两全其美，则会相向而行，各美其美，最终美美与共。思想是行动的先导，认识是决定的前提，只有学生从思想上觉得撰写论文是终生受益的、是与平常学习息息相关并促进学习的、是成为立德立功立言"三立"理想君子的必备条件、是综合能力训练及提升的重要途径、是训练科学思维的不二法宝、是让自己加速变成千里马并以最理想速度获得伯乐赏识的路径、是一切理想工作的敲门砖和压舱石、是未来处理一切复杂问题的"密钥"等多种作用，才会从行动上注重规范，积极训练，日积月累，日练日进，锲而不舍，水到渠成。

基于以上简单朴素的逻辑，书中花了不少笔墨谈论撰写论文应秉持的理念，算是一种对论文写作认识的一点心得和新意，另外，针对学位论文写作中通常存在的问题做一个清单式梳理，方便学生在写作过程中和写完之后做一个自我检查，尽管还有待补充完善，但基本上覆盖了常见问题，用心算是良苦的，至于效果如何"心有戚戚焉"，然"虽不能至，然心向往之"。笔者希望对论文写作建立一个较全景式的认知，但由于才疏学浅，可能只及皮毛。写作过程中，学习学界同仁大作，领会精义，多有启迪，再次谨致谢忱。

从更宏大的意义层面上讲，学术或学位论文是再造一个作者心中针对问题的新世界，既是他（她）对前期所见所学所感所悟的集中体现，也是其心中理想情景的投射，所谓"一花一世界"，其理相同亦相通。当然，真正要步入学术论文之堂奥，还望论文写作者多多外师造化，中得心源，充分吸取人类千百年来优秀的文明成果，不断从实践中挖掘富于法治意义的选题，"问渠那得清如许，为有源头活水来"，紧跟学术前沿，博采众长，潜心写作，定会达至"铁肩担道义，妙手著文章"的境界。